우리는 일 년 후면 다 잊어버릴 슬픔을 간직하느라

무엇과도 바꿀 수 없는 소중한 시간을 버리고 있

소심하게 굴기에는 인생이 너

카네

남을 위해 산다는 것은 쉬운 일이어서 누구나 잘 하고 있다.
이참에 나는 여러분에게 자기 자신을 위해 살도록 요청한다.

에머슨

나 자신의 삶은 물론 다른 사람의 삶을 삶답게 만들기 위해
끊임없이 정성을 다하고 마음을 다하는 것처럼 아름다운 것은 없다.

톨스토이

在人际关系中成长 [ISBN: 9787115563071]
This is an authorized translation from
the SIMPLIFIED CHINESE language edition entitled《在人际关系中成长》
published by Posts & Telecom Press Co., Ltd., through Beijing United Glory Culture & Media Co., Ltd., arrangement with EntersKorea Co.,Ltd.

나를 사랑하는 것이
먼저다

나를 사랑하는 것이 먼저다

펴낸날 2024년 6월 25일 1판 1쇄

지은이 후션즈
옮긴이 정은지
펴낸이 이종일 강유균
편집위원 이라야 남은영
기획·홍보 김아름 김혜림
교정·교열 이교숙 정아영
경영지원 이안순
디자인 바이텍스트
마케팅 신용천

펴낸곳 지니의서재
출판등록 1978년 5월 15일(제 13-19호)
주소 경기도 고양시 덕양구 청초로 66 덕은리버워크지산 B동 2007호~2009호
전화 (02)719-1424
팩스 (02)719-1404
이메일 genie3261@naver.com
홈페이지 www.readlead.kr

ISBN 979-11-986215-4-2 (03320)

고장 난 관계를

붙잡고 있는 당신에게

나를 사랑하는 것이 먼저다

후셴즈 지음 · 정은지 옮김

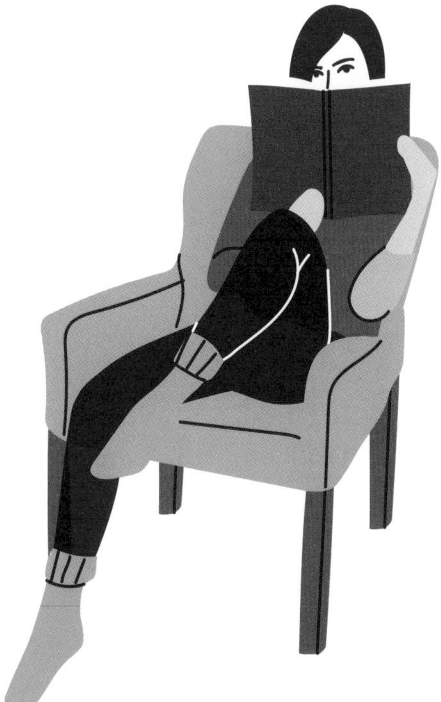

지니의서재

prologue

나를 이기고
관계에서 당당해지자

인간은 잉태되는 순간부터 '관계' 속에 머문다. 생명의 신비로움에서 시작하는 관계 맺음은 영양분을 공급받으며 한 인간으로 완성되어 가는 모습을 고스란히 담고 있다. 낯선 생명체의 만남부터 탯줄로 자양분을 전달받는 과정과 자아가 형성된 뒤 독립하기까지 관계가 개인에게 미치는 영향을 상징적으로 보여준다. 특히 관계는 인격의 기초를 다지는 태아기부터 유아기, 아동기를 거쳐 청소년기까지 보호하고 양육하는 부모와 깊이 관련되어 있으므로 관계의 시작이 잉태라고 해도 무리가 아니다.

인간관계에서 작용하는 심리 요인은 그 출발점이 부모와 직접적인 연관이 있다. 자랄 때 부모의 관심과 사랑으로 존중을 받았

는지, 자기 의견을 무시당하고 인정받지 못했는지, 혹은 부모의 강압적 지시나 환경에서 자랐는지 등 부모와의 관계는 아이의 인간관계 형성에 적지 않은 영향을 미친다. 형제자매의 관계에서 비롯된 관계나 집안의 경제 사정에 의한 열등의식 또한 관계에 영향을 끼친다. 자라면서 극복되고 빠져나올 수 있다고 믿지만 쉽사리 헤어나올 수 없는 깊은 구덩이 같기도 하다.

성인이 되어 독립하더라도 정신적으로는 분리되지 못하고 부모에게 매여 있는 경우도 많다. 경제적인 부분의 의존 문제를 거론하는 게 아니다. 정서적 불안이나 관계의 트라우마에서 벗어나지 못한 채 사람들과 관계 맺는 과정에서 답습하거나, 미리 사람을 두려워하여 회피하는 경향을 보이는 심각성도 드러난다. 다른 사람의 반응에 지나치게 신경 쓰며 안절부절못하며 불안정한 관계를 이어가기도 한다. 이 모든 현상은 관계의 배경이 된 어릴 적 자아에서 벗어나지 못했기 때문이다.

자세히 들여다보면 관계는 '나'에서 출발한다. 나를 사랑해야 원활한 관계가 맺어지고 적극적인 사회생활이 가능해진다. 자신이 유지하는 관계, 자신이 선 자리에서 형성된 관계에서 자신의 존재감과 가치가 드러난다. 그래서인지 관계는 지극히 어렵고 지독히 난해하다. 친밀감을 형성하면 된다는 지극히 당연한 이론이 관계에 대입되는 과정에서 벽에 부딪힌다. 상대가 보내는 웃음과 한마디의 말에 어떤 의미가 담겨 있는지 해석하며 관계가 장애물에 가로막힌 느낌을 받는다. 유대감을 형성하고 싶으나 어떻게 해야 할지 모를 때도 난감하다. 해결되지 않는 문제를 끌어안고 전전긍긍하고 있는 자기 자신을 볼 때 안타깝기 그지없다. 시원한 해결 방법을 찾고 싶었을 것이다.

20년간 인간의 심리를 연구하고 상담한 끝에 불안전한 관계, 관계의 두려움, 불안, 단절과 회피, 피해 의식은 모두 '나'에서 출발한다는 결론에 이르렀다. 자신의 성장배경과 정서적 환경, 문제 극복의 경험 등 축적된 관계의 기틀 위에 형성된 자존감이 훼손되지 않도록 자신을 지키려는 것이다. 공격하기도 하고 방어막을 치기

도 하면서 자신을 보호하려는 심리 요인의 발동으로 보면 이해가 쉽다. 하지만 그 결과 관계는 회복될 수 없는 미궁으로 빠진다는 사실도 알아야 한다. 자기 내면인 '나'를 돌아보지 않고는 이 관계는 절대 개선될 수 없다.

이 책은 미궁에 빠진 관계의 해결 방법을 담고 있다. 사례를 근거로 관계의 어려움을 극복할 해법을 제시한다. 다르게 보면 자신을 알아가는 관계의 방법론이다. 상담 사례를 인용하여 먼저 자신을 사랑하며 관계를 개선해 나가도록 이끌고 있다. 아픔과 상처가 덧나지 않도록 치유하며 자신을 보듬어주고 다독이면서 자존감을 회복하는 길도 열어놓았다.

나 자신과 잘 지내는 방법에서부터 관계 안에서 '자신 찾기'는 자신의 가치를 알고 자존감을 회복하는 단계이다. 자기를 바르게 인지해야 다른 사람의 말에 흔들리지 않는다. 자신을 지키는 방법이라고 해도 크게 틀리지 않는다. 스스로를 지킬 줄 알아야 다른 이와 관계 맺을 준비를 완성할 수 있다.

가까운 사람과 친밀감 유지하기, 사람과 사람 사이 관계 맺기, 관계 속에서 성장하기에서는 더불어 사는 사회 속에서 인정받고 헝클어진 관계를 회복하는 방법을 제시했다. 다소 부족한 자신이지만 완벽한 사람은 없고 실수와 실패, 시행착오는 삶에 주어지는 불편이고 어려움이다. 이를 이겨내야 인정을 받는다. 두려움에 떨며 물러선다면 관계의 단절과 소외만 부를 뿐이다.

직장에서, 집에서 그리고 친구들 사이에서도 항상 자신을 억누르며 끊임없이 베풀어도 그저 뭐든지 다해주는 사람으로만 취급받고 나중엔 억울한 마음으로 속앓이를 한다. 누군가를 적극적으로 사랑할 줄도, 사랑하는 마음을 품었다고 하더라도 잘 표현하지도 못한다. 겉으로는 독립적으로 보일지 모르지만 마음은 외롭고 제대로 된 깊은 인간관계를 맺지 못한다. 낯선 이를 만나면 비위를 맞추려 하거나, 반대로 과도하게 우위를 차지하려 애를 쓴다. 다함께 재미있는 대화를 나누는 자리지만 돌아서면 누군가 내 뒷담화를 할 것만 같아 언제나 마음이 불안하다.

이런 상황들이 모두 내 이야기 같은 사람도 있을 것이다. 그렇지 않다 하더라도 복잡한 현대 사회의 다양한 인간관계 속에서 마음이 쓰이는 문제가 하나도 없는 사람은 찾기 힘들다. 사람과 사람 사이에서 나타나는 이런 문제들의 원인은 무엇일까? 누구에게나 인간관계가 쉽다면 얼마나 좋을까. 마음이 통하고 일심동체의 마음을 가지고 있다면 갈등과 대립도 없을 것이다. 하지만 우리는 생각이 다른 사람들이다. 생각이 다르고 그에 따른 행동이 다르다. 사고가 다르고 삶의 가치도 각각 다르다. 그러기에 더 아름다운 사회가 된다고 믿는다. 그 누구보다 나를 사랑하며 관계의 어려움을 극복해 보자. 일상을 지배하는 관계 속에서 나에게 의미를 부여하고 당당해지자. 이 책이 당신을 도울 거라고 확신한다.

이제 누구에게든 먼저 다가가 해맑은 웃음으로 악수를 청하는 당신을 보기를 희망한다. 굳이 설명하지 않아도 이 행동 하나가 그만큼 자신을 신뢰한다는 말 아닌가!

차례

PART 3 가까운 사람과 친밀감 유지하기

PART 4 사람과 사람 사이 관계 맺기

PART 5 관계 속에서 성장하기

자신이 바라보는 상대를 추측하거나 단정하지 말자.
추측은 실제 사실과 맞지 않을 때가 많다.
잘못된 억측으로 바라보면 자신만 폐쇄적인 세계 또는
공포스런 세계에 빠지게 된다.
상대는 그대로인데 자신의 시각의 문제로 불리한 상황을 만드는 것이다.

PART 1

자신과 잘 지내기

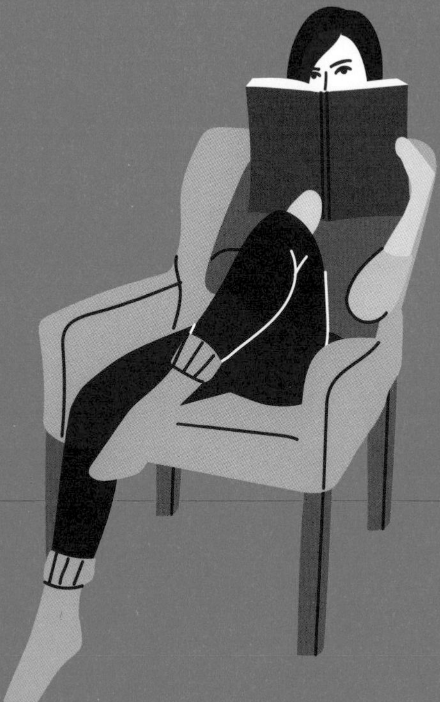

누구에게나 말 못 할 고민은 있다. 그 아픔이나 상처는 아무에게도 보여줄 수 없기 때문에 더 아프게 자신을 짓누른다. 이는 자기 내면에서 열등의식으로 자리 잡고 앉아 솟구치는 자신감을 눌러 앉힌다. 자신의 가치를 깎아내리며 자존감에 족쇄를 채우는 것이다. 그로 인해 득이 되는 건 무엇인가? 왜 그래야 하는가? 여기서 벗어날 방법은 무엇인가? 이제는 자신에게 반문할 때이다.

트라우마는 이기고 자존감은 지켜라

저는 자존감이 무척 낮은 편입니다. 그래서인지 다른 사람이 저를 대하는 평범한 행동도 부정적으로 보게 됩니다. 다른 사람의 행동을 지나치게 확대 해석해서 저 혼자 상처를 받곤 하지요. 이전에 연애도 몇 번 한 적이 있지만, 매번 이러한 문제로 헤어졌습니다. 저처럼 자존감 낮은 사람은 어떻게 해야 친밀한 관계를 맺을 수 있을까요?

문제 상황

많은 사람이 관계의 트라우마로 곤란을 겪으며 난처하고 어려운 상황에 놓이기도 한다. 친밀한 관계에서도 이런 문제가 발생하는데 왜 생기는지 살펴보자.

먼저 자존감이 낮은 사람이라고 해서 무조건 자신에게 불리하다고 생각하며 상처를 받진 않는다. 이 내담자의 행동은 '외상 후 스트레스 장애'에 더 가깝다. 어떤 일을 당했을 때 이전에 겪었던 사건이 연상되어 자신을 보호하는 행동을 취하는 것이다. 아이가 자라면서 부모에게 자주 폭행을 당했다면 자연스럽게 자기방어를 하게 된다. 그러면 성인이 된 후에도 누군가 손을 치켜들면 반사적으로 몸을 움츠리거나 머리를 감싼다. 심지어 먼저 상대를 공격해 자신을 보호하기도 한다. 상대방이 가려운 데를 긁어주거나 안아주기 위해 손을 들었다고는 생각지 않고 오로지 폭행할 것으로 판단하는 것이다.

사례 속 주인공도 친밀한 관계에서 몇 가지 비슷한 반응을 보이고 있다. 낮은 자존감을 지켜야 하기에 부정적 시선을 거두지 못하고 이성 친구에게 상처받기 전 자신을 먼저 보호한다. 이별의 상처를 경험한 사람들은 친밀한 관계에서 상대방이 떠날 조짐을 보이면 자신이 먼저 그 관계를 끊는다. 상대방이 전화를 몇 번 받지 않고 자신을 무시하거나 외면하면 헤어지려는 의중이라 단정하고 두 가지 방법을 구사한다. 연락되지 않는 상태가 너무 싫으니 빨리 연결되려고 안간힘을 쓰거나, 상대의 전화를 무시하거나 헤어지자고 통보하는 것이다. 두 방법 모두 자기 마음이 다치지 않도록 보호하는 방어적 행동이다.

자신을 '피해자'라고 생각하면 상대는 모두 '가해자'가 된다. 친밀한 관계의 상대라도 자신을 해칠 수 있는 사람이 된다. 그리고 그 사람이 자신을 해치거나 피해 입히는 증거를 찾는다. 자신의 부정적 생각이 이끈 오해일지라도 그냥 넘어가지 않는다. 그렇다면 이토록 부정적인 피해 심리는 어떻게 형성된 것일까.

유년기의 외상 경험

마음의 상처는 대부분 어린 시절 부모의 양육 태도에서 결정된다. 유아기부터 유년 시절까지 체화된 관계 설정이 친밀한 관계에서 되풀이되는데 성장 과정에서 자주 무시당했다면 소외감정에 민감해진다. 상대가 무심코 자신을 무시하거나 긍정적인 반응을 보이지 않으면 내면에서 강한 두려움이 일어 분노를 느낀다. 성장 과정에서 자주 혼이 났다면 스스로 부족하고 하찮은 존재라고 여긴다. 그래서 지적을 받는 것에 예민하게 반응한다. 더구나 친밀하다고 여긴 상대에게 비난을 받으면 깊은 절망에 빠진다. 상대가 나쁜 사람이라서 자신에게 상처를 준다고 판단하는 것이다.

성장하는 동안 미움을 많이 받으면 상대의 표정과 언행에 민감하게 반응한다. 상대가 시큰둥하거나 냉담하고 싫은 부정적인 태도를 보이면 불안해한다. 자신보다 상대가 강한 힘과 장악력을 가졌다고 믿는 것이다. 하지만 불안의 근본 원인을 따져보면 자신의 '무력감'이나 깊은 '좌절감'에서 나온다.

성장하는 동안 충분한 관심을 받지 못하는 것도 외상 경험에 속한다. 부모가 자신들만의 세계를 살아가거나 우울한 상태로 아이에게 필요한 피드백을 제때 주지 않으면 아이는 두려워하고 불안해진다. 아이의 정서적 요구에 제대로 답해주지 않고 기본적인 생리 욕구마저 바로 충족시켜주지 못할 때도 비슷한 반응이 나타난다.

자기중심적이거나 자아도취적 부모라면 문제는 더욱 심각해진다. 아이의 필요를 채워주는 것이 아니라 자신이 제공해주는 것을 무조건 받아들이라고 강요하기 때문이다. 이는 아이가 성장한 뒤에도 외상적 경험으로 남아서 타인과 친밀한 관계를 맺을 때 방해요소가 된다.

부모에게서 관심과 사랑을 충분히 받지 못하고 자란 아이는 어린 시절의 결핍을 성장한 뒤 친밀한 연인관계에서 찾으려 한다. 사랑해주는 사람에게서 유년 시절 만족하지 못했던 모든 욕구를 충족하려는 심리이다. 그로 인해 자기 부모와 달리 자신을 정성스레 돌봐줄 사람을 찾는다. 연애 중인 남녀가 같이 퇴행하는 모습을 보인다면 이런 이유이다. 유년기의 원초적이고 유치한 행동으로 불안감을 없애고 방어 심리를 가동해 관계를 발전시키는 것이다. 그동안 억눌려왔던 욕구나 필요를 채우기 위한 수단이자 방법이다. 그래야만 사랑받는다고 느낀다.

사례 속 내담자의 관계 인식도 이와 마찬가지다. 과거의 경험이나 감정을 반복하며 사랑을 구한다. 상대방이 누군지는 중요하지 않다. 상대는 그저 자신을 투사하는 하나의 대상일 뿐이다. 이런 상황을 어떻게 바꿀 수 있을까?

몇 가지 잘못된 생각

어떻게 변할 수 있을지에 대해 말하기 전에 내 이야기를 먼저 들려주고 싶다.

아버지의 잦은 출장으로 어머니는 아이 둘을 혼자서 키워야만 했다. 어머니는 자신이 원하는 일을 할 수 없다는 좌절감으로 무척 힘들어했다. 그래서인지 쉽게 불안해하고 우울한 성격으로 변했고 언제나 기분이 가라앉아 있었다. 그런 마음을 아는 우리는 엄마를 즐겁게 해주려 노력했다. 어릴 때부터 스스로 집안일을 돕고 엄마의 상태를 살피며 어떤 필요가 있는지 살폈다. 자신이 원하는 것은 최대한 억누르고 엄마의 말을 잘 들었다. 하지만 안타깝게도 무엇을 해도 엄마의 기분은 언제나 가라앉아 있기만 했다.

우리는 큰 좌절감을 느낄 수밖에 없었다.

나는 어른이 되어서 이성 친구를 사귈 때면 무의식적으로 엄마와 비슷한 사람을 찾았다. 표정이 우울하고 기분이 안 좋아 보이는 사람이 먼저 눈에 들어왔다. 그런 상대와 사귀게 되면 선물을 사주거나 여러 방법으로 잘해주었다. 애인이 밝은 표정을 짓기만 해도 만족하고 나 자신이 가치 있는 사람이라 여겨졌다. 상대의 표정에서 슬픔이나 우울함이 묻어나면 마음이 조급해지고 즐겁게 해주려고 애를 썼다. 하지만 열심히 노력했음에도 상대의 기분이 풀어지지 않으면 절망감을 느끼고 마음이 어지러워졌다. 내 마음을 몰라주는 상대에게 화를 냈다. 그럴수록 자신이 더 형편없어 보였다. 무가치한 사람이 되었다는 생각에 다시 화내는 일이 빈번해졌다. 곧 상대와 헤어질 것 같다는 불안은 삶까지 초조하게 만들었다.

다른 사람의 행동을 지나치게 증폭시켜 상처를 받은 것이다. 여기에는 심각한 인지적 편차와 논리적 오류가 있다.

첫째, 상대의 감정이 자신과 무관할 수 있다는 점을 간과했다. 상대의 모든 감정이 자신에게서 기인한 것은 아니다. 어린아이만이 상대의 모든 감정이 자기 탓이라고 생각한다. 엄마의 슬픔은 아빠와 싸웠기 때문이거나 다른 이유가 있지만, 아이들은 엄마의 슬픔이 모두 자기 탓이라고 생각한다. 자신이 뭔가 잘못했다는 생각에 주눅 들고 기가 죽는다. 만약 엄마가 "이건 너와 상관없어. 엄마가 기분이 안 좋은 것은 다른 일 때문이야."라고 분명하게 말해준다면 아이는 그 책임감에서 벗어난다. 자신과 상관없는 다른 일로 엄마의 감정이 나쁠 수 있다는 사실을 깨닫는 것이다. 그리고 자연스럽게 엄마와 자신의 독립된 경계를 만든다.

심리학자 우즈훙은 남자가 연애할 때 엄마 역할을 대신해줄 상대를 사귀는 경우가 많다고 한다. 물론 엄마와 정반대의 여성을 사귈 수도 있지만, 오래 사귀다 보면 점점 엄마를 닮아가는 경향을 보인다는 사실을 발견했다. 반복적으로 교류하면서 서로 영향을 주고받는데 이때 결국 자신이 원하는 모습으로 변화시킨다. 자기 내면에서 간절히 원하는 이성상을 제시하는데 무의식에 내재된 엄마의 형상으로 나타난다. 하지만 상대가 이에 호응하면 쉽게 변하지만 이를 의식하지 못하고 갈등이 생기면 책임을 모두 상대방에게 전가한다.

둘째, 상대와 하나가 되려는 점이다. 우리는 대부분 너와 나를 구분하지 않는 관계라야 친밀하다고 생각한다. 어머니가 언제 어디서나 아이의 감정을 살피고 필요를 채워주는 것처럼 친밀한 관계에서는 마음이 통하는 하나가 되어야 한다고 생각한다. 따라서 공생의 상태가 되어 상대가 원하는 것을 미리 알아차리고 그에 맞추려 한다. 마찬가지로 상대도 자기 의중을 알아주기를 바란다. 그러나 말하지 않고 표현하지 않는 의중은 알아채기 어렵다. 베일에 가려진 것처럼 모호하다. 그래서일까. 우리는 의외로 다른 사람을 신뢰하지 못하고 자기 능력으로 상대를 통제하려 든다. 상대를 자신이 꿈꿔왔던 사람으로 만들고 항상 관심을 받아야만 둘 사이에 '사랑'이 존재한다고 믿는 것이다.

셋째, 자존감의 높낮이가 다르다. 자존감이 낮고 스스로 부족하다고 인정하며 다른 사람의 사랑을 받거나 사랑받을 가치조차 없다고 느끼는 사람은 같은 상황에서 다른 판단을 한다.

자존감이 낮다면 자신을 '재정의'하는 시간을 갖자. 솔직하고 객관적으로 자신을 바라보며 인정해야 한다. 이를 거부하면 낮은 자존감이 친밀한 관계를 해치게 된다. 자신의 모습이 상대의 마음에 쏙 들거나 완벽하지는 않을 수 있다. 하지만 연인이라면 비교적 단점은 사랑으로 상쇄시켜야 한다. 서로에게 소중한 사람이 되면 서로를 아끼고 보듬어줄 때 사랑이 완성된다. 만약 스스로 상처받았다고 느끼거나 상대방에게 상처를 받을 것이라고 느껴진다면 자기 내면에 있는 초조함과 불안이 원인이다. 이는 분명 관계의 발전에 걸림돌이 된다.

자신이 바라보는 상대를 추측하거나 단정하지 말자. 추측은 실제 사실과 맞지 않을 때가 많다. 잘못된 억측으로 바라보면 자신만 폐쇄적인 세계 또는 공포스런 세계에 빠지게 된다. 상대는 그대로인데 자신의 시각의 문제로 불리한 상황을 만드는 것이다.

정상적인 친밀한 관계를 맺는 테크닉

자존감이 낮은데 어떻게 정상적인 친밀한 관계를 맺을 수 있는가?

첫째, 자신이 두려워하는 부분을 상대에게 알려주자. 두려움이란 자신이 신경 쓰는 점이나 예민한 부분에서 발생한다. 두 사람이 연애를 시작할 때 이에 대해 진지하게 이야기 나누고 그 원인도 말해주는 것이 좋다. 그렇게 되면 상대도 이를 받아들이고 포용한다.

둘째, 상대방과 비밀을 공유하자. 전화를 받지 않으면 굉장히 두려워진다고 솔직하게 말해줘야 한다. 체면이나 자존심 문제로 비밀을 털어놓지 못하면 결코 친밀해질 수 없다. 비밀을 허심탄회하게 나눌 수 있다면 상대의 진심 어린 마음도 얻고 진솔한 소통으로 신뢰를 쌓는 데 도움이 된다.

셋째, 자신의 요구를 능동적이고 자연스럽게 표현하자. 관계 발전을 위해 자신의 요구사항이 있다면 적극적으로 표현하자. 다만 요구가 수용되지 않더라도 어떠한 비난도 하지 않아야 한다. 설령 자신의 요구를 상대방이 들어주지 않더라도 이해가 필요하다. 그리고 자신의 요구가 합리적이었는지도 다시 생각해봐야 한다. 요구가 합리적이라면 상대와 요구사항을 이루기 위해 함께 노력하자. 서로 간에 신뢰가 쌓이고, 더 가까워지는 계기가 된다.

만약 자신의 요구가 합리적이지 않으면 자신에게 왜 이런 비합리적인 요구사항이 생겼는지, 상대에게 이 요구를 강요해야 하는 건지 스스로에게 물어보자. 모순된 요구를 하는 건 아닌지 스스로 성찰해야 한다.

관계의 발전은 긍정적인 반응에서 만족과 즐거움을 얻을 때 이루어진다. 신뢰하는 관계를 구축하기 위해서는 서로에게 상처가 되는 요구가 없어야 한다. 그래야만 이 관계가 안전하다는 확신이 생긴다. 상대에게 자신이 중요한 사람이라고 믿어질 때 두려움이 해소되고 트라우마를 피할 수 있다. 만약 남에게 상처를 받을까 걱정한다면 늘 초조하고 불안할 수밖에 없다. 그러면 꼭 두려워하던 일이 자신에게 닥친다.

외로우니까
사람이다

저는 외로움을 많이 타는 디자이너입니다. 주변 동료들의 말에 의하면 제가 인간관계에 서툴다고 합니다. 상사에게 아부할 줄도 모르고, 인맥도 쌓을 줄 모른다는 것이죠. 그저 할 일만 열심히 하는 타입이라고 합니다.

동료들과 친하게 지내며 인간관계를 돈독히 하고 싶었는데 그런 평가를 듣고 충격을 받았습니다. 하지만 지금처럼 꿋꿋하게 저만의 길을 가고 싶기도 합니다. 관계에서 의존한다는 것은 무엇인지, 독립적인 인격은 무엇인지, 어떻게 해야만 정상적인 인간관계를 맺을 수 있는지 묻고 싶습니다.

외로움과 분노

사례 속 디자이너의 질문을 듣고 한 장면이 떠올랐다. 한 사람이 고개를 떨구고 골목을 걷고 있는데 주변 사람들은 모두 흐릿한 그림자로만 보인다. 고개를 떨구고 걷던 사람이 갑자기 소리를 치는데도 주위의 누구도 반응을 보이지 않는다. 주변은 모두 정지되어 있고 이 사람만 움직인다. 다르게 보면 주변은 움직이는데 이 사람만이 가만히 있는 것처럼 보인다.

"동료들과 친하게 지내며 인간관계를 돈독히 하고 싶은 저였는데 그런 평가를 듣고는 충격을 받았습니다. 이제는 꿋꿋하게 혼자서 저만의 길을 가려고 합니다."라는 말에는 분노가 깔려 있기도 하다. 주변인의 평가에 대립각 관계를 세운 것인데 '당신들이 나에게 상처를 주었으니 나도 상대하고 싶지 않다, 나만의 길을 가겠다, 그 길이 힘들 수도 있지만 멋지게 이 길을 가는 모습을 보여주겠다, 지금 주변 세계는 나와 무관하다, 이 세계는 나에게 좋은 영향을 주지 않는다, 그 안에는 나에 대한 부정적인 평가가 많다, 이 세상은 나에게 상처를 주고 서운하게 하고, 외롭게 한다.'라는 심리작용이다.

이런 상황에 직면한 사람의 심리를 장덕분 작가는 저서에서 "사랑하는 친구야, 밖에는 아무도 없고 당신만 있어요."라고 표현했다. 혼자만 있는 상황에서는 절대 인간관계에 흥미를 느낄 수 없다는 의미이다.

의존과 독립적인 인격은 무엇이 다른가

무엇이 의존이고 무엇이 독립적인 인격인가? 의존이란 노력 없이 다른 사람에게서 원하는 모든 부분을 지원받는다는 뜻이다. 정신적으로든 경제적으로든 삶의 의존은 모두 같은 의미로 해석된다. 독립된 인격을 가진 사람은 의존하지 않는다.

'의존'이라는 말에는 책임감이 없다. 자기 결정이 없고 자기 의견이 없으며, 모든 것을 다른 이에게 의지한다, 대신 자신은 아무것도 하지 않는다. 그야말로 '목에 큰 떡을 매단 사람'이다. 목에 떡이 매달려 있는데도 손으로 들어 올리는 것조차 귀찮아서 결국 굶어 죽는다는 이야기이다. 의존의 매우 극단적인 예이다. 일상에서 타인을 의존하면 삶의 책임감이 떨어진다. 삶이나 타인과의 관계에서 그 어떤 노력이나 역할도 하지 않는다.

정신적 의존은 더 큰 문제이다. 정신적 쾌락과 안정을 다른 사람을 통해 실현하려는 의지를 보인다. 예를 들어 혼자 있기 두려울 때 누군가 자신을 달래주고 위로해주기 바란다. 또 누군가가 자신이 공황에 빠지지 않게 지켜봐주길 바란다. 스스로 해결할 방법은 아예 고민하지 않는다. 또 다른 정신적인 의존은 다른 사람의 인정과 긍지를 구한다. 만약 외부에서 인정받지 못하면 자신이 무능한 사람이며 존재 가치가 없는 사람이라고 여긴다.

그럼 독립된 인격이란 무엇일까? 자신이 누구인지, 자신이 할 수 있는 일은 무엇인지, 어떤 일에서 다른 사람의 도움을 받아야 하는지, 어떤 일이 나의 것이고 어떤 일이 남의 것인지를 아는 것이다. 독립적 인격은 자기감정을 정상적이든, 트라우마에서 기인한 상실감이든 스스로 처리하고 직면하려 한다. 가끔 패닉(공황) 상태에 빠지더라도 방법을 모색하고 대처할 능력을 키운다. 쉽게 말해 독립된 인격은 자신이 누구인지, 무엇을 할 수 있는지, 자신이 해나가야 할 일이 무엇인지 안다는 것이다. 자신의 과업은 오직 자신만이 할 수 있고, 다른 사람은 도와주기만 할 뿐 자신을 대신할 수 없다고 믿는다.

의존과 독립은 모순이며 충돌이다. 실제 사례를 살펴보면서 이해해보자.

상담실에 한 여성이 방문한 적이 있다. 그녀는 유능하지만 의존적이었다. 특히 남편에게 의존해 자신의 필요가 만족이 되는 과정에서 사랑받는다고 느꼈다. 어느 날 남편이 미국에 출장을 갔는데 집의 수도관이 망가졌다. 그녀는 습관적으로 미국에 있는 남편에게 전화를 걸었다. 남편은 경비실에 전화해서 수리하면 된다고 말했다. 하지만 그녀는 남편에게 경비실에 전화해서 고치게 하라고 했다. 자신이 직접 그 일을 하면 부부관계에서 남편에게 사랑받고 보살핌을 받는 느낌이 깨진다고 생각한 것이다. 직접 일을 하며 자립하는 방식은 이 여성에게 좌절감을 안겨준다. 어릴 적 부모님의 보살핌을 받지 못해 무슨 일이든 직접 처리했던 생활이 되살아나 외로움과 슬픔을 느낀다는 것이다. 그래서 그녀는 이 기분과 경험을 답습하고 싶지 않았다.

왜 '부정적 자기애'에 빠질까?

인터넷에 '혼자서 어떤 일을 할 수 있는지'로 고독 지수를 평가하는 사이트가 있었다. 문제는 총 13가지 항목으로 되어 있는데 가장 고독 지수가 높은 문항은 '혼자 병원에 가서 수술을 받는 것'이었다. 누군가 혼자 병원에 가야 하고 수술을 받아야 한다면 누구든지 그가 외롭다고 느낄 것이다.

사람들은 때로 스스로 고독하다고 느끼기도 한다. 외로울 때 주위에 마음 나눌 친구가 없거나 모든 걸 자기가 책임져야 할 때는 자기연민에 빠지기도 한다. 다른 각도에서는 자신이 고독한 영웅이라는 비장한 생각마저 든다. 이런 비장함은 자신에게 특별한 힘을 주는데 나르시시즘이다. 나르시시즘은 순수한 나르시시즘과 부정적인 나르시시즘으로 나뉜다. 후자는 다른 사람에게 칭찬이나 격려를 받아도 선의로 받아들이지 못한다. 자신이 직접 내리는 평가만 인정하고 외부의 목소리는 배척한다. 자신이 고독한 영웅이라고 느끼면서 무슨 일이든 누구에게도 의지할 수 없다고 생각한다. 부정적 자기애로 자신의 완전함을 보호하려는 자세이다. 이런 현상이 발생하는 데는 세 가지 원인이 있다.

첫째, 성장 과정에서 자신의 가치를 제대로 인정받은 적이 없기 때문이다. 어릴 때 어떤 격려도 받지 못했고, 어떤 일이나 관계에 집중해도 인정받지 못했다. 남을 위해 희생해야만 가치를 인정받았다면 부정적인 자기애에 빠질 수밖에 없다. 자기연민의 다른 수단이다.

둘째, 성장 과정에서 안전한 애착 관계가 제대로 구축되지 않았기 때문이다. 안전한 애착 관계란 혼자서도 즐겁게 놀고, 다른 아이들과도 잘 어울리며 성취감과 만족감, 즐거움을 얻는 것이다. 또한, 엄마를 보고 기뻐하며 팔을 벌려 품에 안기는 상호작용에서도 큰 만족과 기쁨을 얻는다. 그런데 염두할 것은 안전한 애착 관계가 갈등이나 회피의 애착으로 변할 수도 있다는 것이다. 엄마가 아이를 두고 외출하면 아이는 엄마가 자신을 원하지 않는다고 생각한다. 그래서 엄마가 돌아와도 모른 척 외면한다. 엄마가 자신에게 상처를 주었기에 친밀한 애착 관계를 끝내려는 것이다. 또다시 엄마가 떠났을 때 외로움을 느끼기 싫은 까닭도 있다. 이런 회피적 애착은 불안전한 애착 관계다.

내담자의 인간관계가 바로 여기에 해당한다. 분명 다른 사람과 인간관계를 맺고 싶음에도 조그만 좌절이라도 겪게 되면 자신의 세계로 들어가 버린다. 아무도 상대하지 않고 열심히 일에만 몰두한다. 그러나 바쁜 일상에 빠질수록 인간관계에는 변화를 이끌지 못한다. 인간관계를 넓힐 수도 없다.

그럼 이런 경우는 어떨까? 아이가 바로 옆에 있는데 엄마는 바쁘게 일한다. 아이는 무엇인가 말하려 하지만 엄마는 도무지 눈을 마주쳐주지 않는다. 잠깐 쉬는 틈에도 엄마는 일 생각뿐이다. 아이는 엄마와 대화하기를 포기한다. 열심히 일하는 냉담한 엄마와 원하는 것을 이루지 못하는 아이, 이 모자母子 관계는 단절된 두 개의 세계에 놓인 것처럼 절망스럽다. 엄마는 아이를 거추장스럽게 여기거나 자신이 책임지고 돌봐야 대상으로 보는 것이다. 반면 아이는 엄마를 자신에게 대꾸하지 않는 사람, 자신이 필요로 하는 모든 것을 거부하는 사람으로 단정한다. 디자이너의 인간관계는 이처럼 냉랭하게 상호작용을 거부하고 있다. 이런 관계에서 악착같이 일하는 냉담한 엄마는 다른 사람일 수도 있고, 어쩌면 디자이너 자신일 수도 있다.

셋째, 타인의 평가에 너무 민감하기 때문이다. 자기 확신이 없는 사람은 다른 사람의 평가에 휘둘린다. 옳은 일을 해야만 엄마에게 무시당하지 않고 더 사랑받았던 기억 때문이다. 엄마의 관심을 얻기 위해 아이는 언제나 옳은 일을 열심히 한다. 성인이 주변의 평가에 민감한 것도 아이가 옳고 그름에 집착하는 것과 비슷하다. 다른 사람의 칭찬과 공감으로 자기 가치와 존재를 확인받기 위함이다. 그러나 분명히 알아야 할 것은 사람들의 평가에는 모두 개인적인 목적이 있다. 자신의 이익을 담아서 해주는 말이다.

어느 날 20대 청년이 상담을 신청했다. 그는 왠지 모르게 사람들이 자신을 싫어하며 험담한다고 생각했다. 자신은 아무 잘못도 하지 않았으며 다만 사람들에게 친절하고 상대의 말에 호응해준 것뿐이라고 했다. 나는 그에게 탁월한 사교성이 있다는 사실을 아느냐고 물었다. 험담의 내용 대부분이 사교에 관한 것이었기 때문이다. 그는 성격이 나쁘고 능력이 모자라서가 아니라 주변에서 사랑받는 그를 질투해 유발된 험담이었다.

이처럼 사람들의 평가에는 말하는 사람의 의도가 담겨 있다. 평가하는 것 자체가 개인적 동기를 만족시키기 위한 수단이다. 그런데도 남의 평가에 연연하면 거대한 함정에 빠지는 꼴이 되고 만다. 일종의 퇴행이다. 남의 평가를 의식하는 사람은 그 평가에 절망하는 순간 공격성을 띤다. 사람이라면 아주 자연스러운 반응인데 마음의 갈망이나 욕구가 충족되지 않으면 좌절에 부딪히고 이를 표출하려 들기 때문이다. 욕설을 퍼붓거나 상대의 나쁜 점을 지적하는 공격으로 드러난다. 다른 사람이 자신을 멍청하다고 평가하면 그를 바보라고 평가한다. 더 나아가 멍청이나 맹한 인간이라는 표현도 서슴지 않는다. 수동적인 공격은 매사에 비협조적이며 불만을 제기한다. 타협하지 않고 모든 사람을 악인으로 간주하는 것이다.

인간관계를 위한 몇 가지 착안점

나르시시즘은 과도기적 현상이다. 과도기의 사람들은 다른 사람들과 관계 맺을 때 자신의 공격성을 푸는 패턴을 이어간다. 타인의 평가를 수용하기보다는 반감으로 상대를 대한다. 이런 공격성과 예민함이 다른 사람들과의 관계를 가로막는다. 그러므로 과도기를 거친 뒤 정상적인 인간관계를 맺기 위해서는 다음 몇 가지 착안점에 주시하자.

첫째, 누구나 완벽하지 않다. 완벽하지 않은 상대를 수용하면 자신도 다른 사람으로부터 용납을 받는다. 진지하게 자신과 대화하며 자신의 부족한 부분을 받아들이는 연습을 하자. 예를 들어

"나는 완벽하지 않아. 만약 남들이 나를 좋아한다면 지금과 같은 불완전한 나를 좋아하는 것일 거야."라고 털어놓는 것이다. "만약 남들이 완벽한 나의 모습을 좋아하는 거라면, 그들에게 실망을 안겨줄 수도 있어. 하지만 그건 내 잘못이 아니라 상대방의 문제야."라는 긍정적 자기합리화도 좋겠다. 이런 방식으로 마음을 세팅하고 인간관계를 넓힐 용기를 마련해야 한다. 이것의 남의 평가에 의연해지는 하나의 방법이다.

둘째, 자신에게 의존성이 있는지 점검하자. 만약 남에게 강하게 의지하고 싶어진다면 자신에게 "나는 성인이다, 나는 스스로 충분히 책임질 수 있다. 삶과 생명은 모두 내 것이다. 도와줄 사람이 있기도 하지만 나는 충분히 나를 보살필 수 있다."라고 말하라.

셋째, 자신의 자존감이 다른 사람의 평가로부터 비롯된다면 자신을 자주 성찰하자. 진정한 자기 모습을 보고 어떤 사람인지 알아보려는 노력이 필요하다. 이 과정에서 남들의 평가에는 그들의 주관적인 소망과 동기, 목적이 담겨 있다는 사실도 깨달아야 한다. 그로 인해 누구도 모든 사람을 만족시킬 수 없고 그럴 필요도 없다는 것을 알게 된다.

우리는 다른 사람의 평가와 스스로 내리는 평가 사이에 경계선을 그어야 한다. 경계가 생기면 다른 사람의 부정적인 평가에 강한 분노로 맞서지 않을 수 있다. 자신이 남들과 똑같으며 스스로 독특한 사람이 아님을 깨닫기 때문인데 그로 인해 천천히 다른 사람과 원만한 관계를 맺는 방법을 알아가게 된다. 사람들 사이에 차이가 없고 모두 비슷하며 어느 부분에서는 서로 통한다. 이 사실을 알면 인간관계에서 홀가분해진다.

넷째, 타인에 대한 비합리적인 기대를 타파해야 한다. 사람에게는 비합리적인 기대라는 흥미로운 심리가 있다. 모든 사람이 공평하고 공정하게 자신을 대해줘야 하며 그렇지 않으면 나쁜 사람이라고 생각한다. 하지만 이는 절대 이루어질 수 없는 비합리적 신념이다. 세상에는 그토록 완벽하게 공평하고 공정한 사람은 단 한 명도 없다. 그러므로 이런 사고를 한시라도 빨리 깨뜨려야 한다. 그렇지 못하면 다른 사람의 평가, 타인이 자신을 대하는 방식과 태도에 민감해질 수밖에 없다.

다섯째, 정신적 독립을 유지하면 다른 사람에게 의존하지 않는다. 누구든 타인과의 관계는 애착으로 얽혀 있다. 엄밀히 말하면 애착이 있어야 제대로 된 관계가 형성된다. 관계에서 사람들은 사람과 사람 사이의 상호작용을 경험한다. 아름답고 행복한 기억도 얻지만 실망하고 실패하는 기억도 얻는다. 이렇게 작고 특별한 기억으로 관계는 끊임없이 이어진다. 그 가운데서 자신의 존재감이 확립되는 것이다.

성장에 따른 두려움의 경험은 필수적이다. 그러니 남의 도움을 기다리기보다 자신의 힘으로 인간관계를 형성하고 넓혀가야 한다. 여기에 책임감은 필수다. 자신을 책임지는 사람이 돼야 진정한 의미의 어른이 된다. 타인의 평가에서 정신적으로 독립하자. 다른 사람은 당신 생명을 더욱 온전하고 풍성하게 도울 뿐이다.

열등감은
기쁨과 만족을 가린다

저는 30대 여성입니다. 졸업하자마자 결혼해서 아이를 낳았어요. 전업주부로 2년 반이 지나고 나니 이제는 입사할 만한 경쟁력이 사라졌습니다. 이대로 사회에서 도태될까 불안합니다. 요즘은 우울증에 걸린 것처럼 생활이 무기력합니다. 항상 부정적이고 비관적인 생각도 들거든요.

'나는 안 돼.', '능력이 없어.', '이 정도 나이를 먹었는데도 경제적으로 독립도 하지 못했다니 어쩜 이럴 수 있지.'라는 생각들이 저를 괴롭힙니다. 솔직히 말해 저는 열등감도 심하고, 자존감도 낮고, 자주 두려워하고, 사교적이지 못합니다.

저도 즐겁게 살고 싶습니다. 어떻게 해야 열등감과 불안에서 벗어날 수 있을까요?

두 가지 측면의 문제

사례 속의 내담자는 두 가지 측면에서 문제가 있다. 먼저 현실적인 측면이다. 그녀는 졸업하자마자 결혼해 아이를 낳았기에 직장 경험이 없다. 이런 상황이라면 누구나 사회 진출과 취업에 자신감이 부족할 것이다. 따라서 걱정해주는 말에 무시당하는 느낌을 받기도 한다.

다음은 심리적인 측면이다. 그녀는 자존감이 낮고 자기 평가에 매우 부정적 견해를 가지고 있다. '나는 안 될 거야, 능력이 부족해, 커리어가 없어.'라는 등 스스로 자신을 깎아내리며 인정하지 못하고 있다. 그로 인해 상실감, 좌절감, 열등감에 시달린다.

이 두 가지 차원의 문제는 두 가지 측면에서 접근해야 한다. 먼저 현실적 측면부터 살펴보자. 졸업하자마자 결혼해 아이를 낳은 것은 자신의 자발적 선택이었다. 누구에게 떠밀리거나 강압에 의한 수동적 선택이 아니었다는 것이다. 수동적 선택이라면 불만과 후회가 뒤따르기 마련이지만 자신의 선택이었다는 점을 명확히 알아야 한다. 당시 상황으로 보면 졸업 후 취업이 아닌 결혼하고 가정을 꾸리는 일이 자신의 마음과 상황에 꼭 들어맞았을 것이다. 그러니 하나의 선택일 뿐 좋고 나쁨, 옳고 그름을 판단할 대상이 안 된다. 시간이 흐른 뒤에야 내면에 갈등이 생기고 그때의 선택에 후회가 생겼을 뿐이다. 그런데도 자발적인 선택이 아닌 어쩔 수 없는 선택으로 몰고 가며 심적 고통을 가중시키고 있다.

어떤 선택이든 모두 일정한 결과를 낳는다. 만약 이 여성이 취업을 선택했다면 좋은 직장에 취직했을지 모른다. 하지만 그녀는 취업하지 않았고 아내와 엄마로서의 소중한 경험을 갖게 되었다. 그렇기에 엄밀히 말하면 이 여성이 느끼는 자기연민, 불안의 원인은 선택과는 관련이 없다.

이번엔 심리적 측면을 살펴보자. 자존감의 높고 낮음은 하나의 현상이지 문제가 아니다. 진정한 문제는 자존감이 낮은 현상에 어떻게 대처하느냐에 있다. 자존감이 낮은 사람일수록 꿈꾸던 자신이 되고 싶거나 최대한 완벽해지기를 바란다. 그러나 쉽게 용기 내지 못하고 실패를 두려워하기에 자포자기하는 것이다.

세 개의 자아가 있다

심리학의 자아에는 '사회 자아, 이상 자아, 거울 자아' 세 가지가 있다. 성숙한 사람은 이 세 자아의 차이가 크지 않지만, 상대적으로 미성숙한 사람은 세 자아의 차이가 크게 나타난다.

'사회 자아'란 사회 활동에 참여하면서 스스로 자신을 평가하는 것이다. 사람을 사귀는 일이나 일상의 관계에서 받은 조언이나 인정으로 자신을 판단한다. 여러 사람을 만나고 다양한 관계를 이어갈수록 자신의 사회 자아를 포괄적으로 이해할 수 있다. 사람을 사귀지 않으면 상대적 관점에서 자신을 볼 수 없기에 어떠한 평가나 판단도 내리지 못하게 된다.

'이상 자아'는 비교적 이해하기 쉽다. 열등감이 심한 사람일수록 자신이 꿈꾸던 이상적인 자아를 갈망한다. 스스로 모든 면에서 완벽하기를 바라는데, 어려운 처지에 놓인 사람이 하루아침에 벼락부자를 꿈꾸는 것과 흡사하다. 성냥팔이 소녀는 언제 목숨을 잃을지 모르는 굶주림과 추위 때문에 환각에 빠지게 된다. 극한의 환경에서 그런 방식으로 자신을 보호하고자 하는 것이다. 위기에 몰릴수록 자신이 모든 것을 할 수 있고 특별히 완벽하길 갈망한다. 그래야만 현실의 좌절감과 무력감을 상쇄할 수 있기 때문이다.

마지막으로 '거울 자아'는 사람과 사람이 서로에게 거울 역할을 하는 것으로 쉽게 말해 비교하는 것이다. 우수한 사람을 보면 그 사람에게 자신을 비춰본 다음 상대보다 부족한 점을 생각한다. 비교 대상이 높을수록 상실감은 커진다. 그래서 비판론자들은 거울 자아를 부정적으로 본다. 비교는 인간이면 누구나 갖는 정상적인 욕구이다. 하지만 자신을 있는 그대로 받아들인다면 다른 사람을 거울삼아 비춰볼 필요가 없다.

거울 자아는 스스로 더 나아지려는 욕구에서 비롯된다. 욕망 실현에 실패한 사람들이 성공한 사람들과 자신을 비교해 어느 점에서 부족한지 자극받으려는 심리이다. 그로 인해 자기 목적을 위해 더 노력하고 발전하게 된다. 이를 성공적으로 수행하면 자존감이 높아지고 자신감은 상승한다.

자기연민과 나르시시즘

어떤 사람은 자신이 좌절한 이유, 나서지 않는 이유, 사교적이지 않은 이유, 사회 활동을 하지 않는 이유를 낮은 자존감에서 찾는다. 낮은 자존감으로 자신을 합리화하는 것이다. 자기연민도 마찬가지다.

자기연민은 나르시시즘의 한 상태로서 두 가지로 분류할 수 있다. 하나는 자신이 모든 것을 할 수 있다는 '자신감'이고, 다른 하나는 자신은 아무것도 할 수 없다는 '무능함'이다. 후자는 어리석은 이미지를 자신에게 투사해 스스로 불쌍하게 여긴다. 이런 유형의 나르시시즘을 '부정적 자기애'라고 부른다. 부정적 자기애를 깨는 유일한 방법은 가장 진실한 상태를 스스로 받아들이는 것이다.

좌절을 겪으면 누구나 자신이 안쓰러워진다. 그로 인해 저절로 자기연민을 부르는 나르시시즘에 빠져 건강하지 못한 심리 상태로 들어가게 되는데 당차게 빠져나올 방법을 찾아야 한다. 이럴 때는 '나는 이미 넘어졌어. 다른 사람이 나를 어떻게 대하든 그건 그 사람의 일이야. 나도 계속 넘어져 있을 수는 없지, 반드시 일어나야 해.'라고 말해보자. 단순해보이지만 이 과정을 통해 부정적인 생각에 사로잡힌 나르시시즘에서 빠져나오게 된다. 어떻게 하면 일어설 수 있을지 고민하며 변화를 모색해야 한다. 먼저 나르시시즘이 깨져야 문제에 직면하고 대처 방안을 고민하고 행동하게 되기 때문이다.

나르시시즘이나 열등감, 자기연민에 깊이 빠지면 완벽해지고 싶어 한다. 자신이 등장하는 순간 모든 사회생활과 관계는 아름다워질 거라고 꿈꾼다. 마치 미운 오리 새끼가 백조임을 깨달은 것처럼 삶이 순조로워지고, 자신감도 충만해질 거라고 믿는 것이다.

자신감은 여러 방면의 인지와 능력에서 온다. 이 기반 위에 세워진 자신감이어야 건강한 자신감이다. 이를 위해 사회생활이나 사람들과 관계에서 적절한 좌절을 겪고 실수와 실패를 감수해야 한다. 수영을 배우면서 물을 먹는 것이나, 높이뛰기를 배우면서 다치는 것은 자연스러운 순리이다. 걷기 위해선 넘어지기를 부지기수로 당해야 하는 것처럼 스스로 감당해야 한다. 좌절에 연연하거나 시행착오의 실수로 고통스러워할수록 차단막을 치고 관계의 발전을 막는 형국이 된다. 이로 인해 성장의 기회를 놓치는 것이다. 이런 기회를 사회 검증 또는 현실 검증이라고 한다.

자기연민의 감정을 너무 의식하면 상대를 호의적 시선으로 볼 수 없다. 상대방을 언제든 좌절감을 줄 수 있는 사람으로 보게 되면 관계가 대립적이고 적대적으로 변한다. 사람들과의 커뮤니케이션에 거부감을 가지면 도움도 받을 수 없다. 사례 속의 내담자는 직업을 갖고 경제적으로 독립하지 못한 것에 대한 콤플렉스를 갖고 있다. 이를 너무 크게 생각한 나머지 아이를 낳은 축복을 간과하고 있다. 아이를 양육하는 동시에 경제적으로 독립하는 것은 매우 어려운 일이다. 따라서 자신을 몰아세우면 자신의 설 자리가 좁아진다.

이처럼 자신에게 엄격한 기대를 거는 원인은 성장 과정 중에 부모와의 사이에서 겪었던 좌절이나 외상의 경험이 있을 수 있다. 유년 시절 부모가 가혹하게 대했거나 부정하는 경우가 많았다면 자신에게 매우 냉혹해진다. 조건이나 상황을 스스로 따져 물으며 절대 친절하게 굴지 않는다. 자신을 칭찬하는 법이 없으며 하는 일조차 무시한다.

이런 상태에서 남편이나 부모에게 경제적 및 정서적으로 의존하게 되면 두려움과 수치심까지 느낀다. 이 여성이 경제적 독립에 강한 불안감을 가질 수밖에 없는 이유이다. 그런데 만약 남편이 아이 양육에 대해 적극 지지하고 그 가치를 높이 평가해준다고 확신하면 경제적 독립에 연연하지는 않을 것이다. 의존하는 것을 부끄러워하거나 자책하지 않을 수 있다. 오히려 남편과 협력한다고 생각할 것이다.

몇 가지 제안

사례 속의 주인공과 같은 상황에 놓인 사람들에게 몇 가지 제안을 한다.

첫째, 득실을 정확하게 보아라. '득'만 보는 것과 '실'만 보는 것은 전혀 다른 삶의 자세이다. 잃어버린 것에만 관심을 쏟으면 소극적이고 부정적인 경험을 하게 된다. 잃어버리는 것 자체가 슬픔과 상실감을 의미하기 때문이다. '득'에 관심을 두면 만족스러운 경험을 할 수 있다. 경제적인 독립은 이루지 못했지만 아내와 엄마로서의 경험을 얻은 것은 매우 소중한 삶의 자산이다.

둘째, 자존감에 연연하지 마라. 자존감은 문제가 되지 않는다. 자기 탓도 아니니 부끄러워해서도 안 된다. 낮은 자존감의 원인은 자신이 겪어온 경험들 때문이다. 성장 배경에서 비롯되는 것이지 자기 책임이 아니다. 그러므로 자책하며 모든 원인을 자신의 탓으로 돌리는 것은 옳지 않다. 물론 자존감이 낮은 것은 개선할 수 있다. 자기 모습을 받아들이고 끊임없이 자신을 긍정하고 인정하자. 자신을 다독이면서 서서히 개선해 나가야 한다.

셋째, 내면의 두려움과 불안을 직시하라. 두려움과 불안이 많은 사람은 끊임없이 주위에서 불안한 일을 찾고 온종일 걱정한다. 시간이 충분히 남아 있고 할 수 있는 능력이 있는데도 해내지 못할 경우를 생각한다. 초조하게 바라보니 오히려 불안과 걱정만 키우게 된다. 여유를 가지고 서서히 걱정에서 벗어나자. 걱정이 있다면 몰두하지 마라. 일상생활을 하면서 자연스럽게 모든 두려움과 불안이 사라지길 기다리며 마음의 평온함을 유지하자.

전혀 불안하지 않은 사람은 없다. 불안을 자신이 감당할 범위 안에서 조절해야 한다. 불안은 때때로 강력한 동력으로 바뀌어 행동하고 적극적으로 움직이게 돕는다. 사교적인 자리를 회피하는 사람은 두려움과 불안에 더욱 직면해서 도피 패턴을 돌파해야 한다. 그렇지 않으면 자신만의 세계에 갇혀 다양한 경험의 기회를 잃을 수 있다. 이런 악순환이 반복되면 결국 습관적인 무력감으로 이어져 또 다른 족쇄가 채워진다. 적극적으로 사람들과 교류할 수 있다면 약간의 불안과 걱정이 있어도 괜찮다. 직접 불안과 걱정을 사람들 앞에서 드러내도 좋은데 이를 도우려는 주위 사람들의 이해와 포용이 관계의 신뢰를 구축하게 도와준다. 또한, 사회 검증이나 현실 검증의 기회를 얻고 고유의 행동 패턴에서 서서히 벗어나는 계기가 될 수도 있다.

넷째, 외부와 타인에게 호기심을 가져라. 자신만의 세계에서 살지 말고 주변의 사람들과 일에 관심을 가지자. 외부와 접촉하고 교류해야 사고가 넓어진다. 그로 인해 자기 존재의 가치가 확인되고 자존감까지 높일 수 있다.

나르시시즘 혹은 자기연민에 사로잡히지 마라. 이제는 누군가 자신을 구조해주기를 바라는 아이가 아니지 않은가. 스스로 판단하고 추진하는 어른이다. 자신을 곤란하게 만드는 문제에 당혹스러울 수 있지만 살아가면서 천천히 풀어나갈 방법을 찾는 게 현명하다. 이 세상에 대한 새로운 접근법을 찾고 진정한 기쁨과 만족을 얻는 것이 가장 어른다운 선택이다.

스스로 건네는 위로가 자신을 키운다

저는 남성 중심적 가정환경에서 자란 30대 여성입니다. 승부욕 강한 오빠와 성질 급한 아빠, 그리고 매사에 가족 걱정을 끊임없이 하는 엄마가 있습니다.

우리 가족은 물질적으로는 풍요롭지만 서로에 대한 사랑이나 관심이 별로 없습니다. 아빠는 집안일에 관심이 없고, 엄마는 항상 찡그린 얼굴로 제게 어떻게 하면 집안일을 잘할 수 있는지를 알려줍니다. 엄마가 저를 칭찬하는 일은 거의 없었지요. 매번 저의 부족한 점을 지적하며 계속 발전하기를 요구했습니다. 시험에서 80점을 받으면 놓친 20점만 바라봤습니다. 심지어 어른도 할 수 없는 일을 요구하며 잘해야 한다고 강요했습니다. 이런 환경에서 자란 저는 칭찬받거나 인정받는 것을 기대하지도 않았습니다. 그러면서 매사에 너무 쉽게 저를 부정하게 되었습니다.

어릴 적부터 칭찬받지 못하고 자라서인지 성장해 칭찬받을 때마다 좋기도 하지만 마음 한편으론 불안해집니다. 제가 의견을 말하는 중에 다른 사람의 칭찬을 받으면 바로 멍해집니다. 그래서 아직 이야기의 절반밖에 하지 못했는데 더 이상 말을 이어갈 수가 없습니다. 그럴 때마다 제 안에 어떠한 긍정과 인정에 대항하려는 힘이 있다는 것을 알게 되었습니다. '사람들의 저 생각을 부숴버려야지.'라는 생각이 드는 것입니다. 일을 망쳐서 '사실 나는 그렇게 잘하진 못한다.'라는 것을 증명하고 싶은 마음도 듭니다. 일할 때면 모든 것을 잘 진행하고 있으면서도 일부러 '허점'을 찾아 굳이 책잡힐 이유를 만들기도 합니다.

스스로 인정을 거부하려는 이런 패턴은 매번 다른 방식으로 제 삶에 나타납니다. 형식만 바뀔 뿐 내용은 바뀌지 않습니다. 어떻게 하면 이런 패턴을 깨뜨릴 수 있을까요? 어떻게 하면 나를 더 많이 인정하고 긍정할 수 있는지 궁금합니다.

부정적 자기애와 핵심 자아 가치

사례 속 내담자의 마음이 이리저리 얽혀 끊임없이 몸부림치고 있음이 보인다. 그녀는 대인관계에서 분명 외로웠을 것이고, 세상이 아름답지 않다고 생각하면서 스스로 자책하고 심한 수치심까지 느꼈을 것이다. 우리 주위에도 이런 어려움을 겪는 사람이 의외로 많다. 이 사례의 분석이 비슷한 경험을 가진 사람들에게 도움이 되었으면 한다.

현재 이 여성은 관계의 어려움을 겪고 있지만, '자기애'가 강한 사람이다. 그로 인해 부정적 자기애에 빠져 있다. 자신에게 일어나는 모든 일을 부정적으로 평가하고 자신이 나쁜 사람이라고 고집하는 중이다. 자신은 좋을 게 없는 사람이라면서 이를 다른 사람들이 알아야 한다고 생각한다. 그러면서 자괴감에 빠지고 힘들어한다. 분명히 말하지만 이런 자기 평가를 거둬들여야 한다. 계속 고집한다면 부정적 나르시시즘에 해당한다.

나르시시즘은 자신이 예쁘고, 뛰어나고, 모든 면에서 능력이 뛰어나다고 믿는 것이다. 부정적 나르시시즘은 반대의 개념이지만 이 또한 자신 애착에서 발생한 자기애이다. 그래서 타인이 자신을 대하는 태도, 방식, 관점 그리고 표정에만 관심을 가진다. 이를 부정적으로 해석하면서 자신을 보호하려는 변명과 핑계를 찾는다. 객관적인 자기 모습을 보지도 찾지도 못하는 꼴이다. 단언컨대 객관성이 빠진 상태에서 자신을 본다면 타인과 연결은 쉽지 않다.

부정적 나르시시즘의 지배 아래 있는 것은 그녀의 잘못이나 고의가 아니다. 성장배경에서 형성된 정서와 연결돼 있다. 아마도 어릴 적 자신이 한 말이나 행동에 가족들이 얼굴을 찡그리며 불만스러워하는 모습을 자주 봤을 것이다. 그 반응을 보고 어리지만 자신이 가족에게 폐를 끼쳤다고 생각해 주눅들었음이 분명하다. 이렇게 형성된 핵심 자아 가치는 일생에 영향을 준다. 자신은 쓸모없는 사람이고, 남에게 폐만 끼치고, 짐만 된다고 여기는 것이다. 이런 사고에서 벗어나지 못하면 타인과 관계는 절대 원만해지지 않는다.

대인관계에서 자신을 탓하고 자기 헌신에 얽매인 사람이 의외로 많다. 자기애의 핵심가치가 낮기 때문인데 가능한 주변 사람을 모두 만족시켜야 자신을 좋아해준다고 믿는다. 그들은 언제나 더 많은 가치를 제공할 심층적 전략을 연구한다. 사례 속 내담자의 관계를 예로 보자.

엄마의 끊임없는 요구에 그녀는 자신의 부족함을 자주 느낀다. 엄마의 요구가 가혹하다는 것을 알면서도 저항하지 못하고 자기 무력을 자책하거나 수치심을 느낀다. 부정적 이미지의 화살을 자기 쪽에 겨눈 것이다. 이를 그녀가 강하지 못하기 때문이라고 탓할 수는 없다. 누구든 타인의 요구를 충족시키지 못했을 때 무시당하거나 버림받는 것을 무서워하고 두려워한다. 그리고 자신의 무능함을 원망한다.

자기 폐쇄 상태와 침입적 체험

아이는 다른 사람, 특히 엄마가 자기 욕구를 적극적으로 충족시켜주면 세상을 안전한 곳이라고 인식한다. 하지만 어릴 때부터 끊임없이 여러 가지 일과 제약을 요구받으면 세상은 끊임없이 자신을 강제하는 곳이라고 생각한다.

아이는 엄마의 눈치를 보면서도 기대어 보호와 만족을 받으려는 간절한 패턴이 있다. 엄마가 자신의 원하는 바를 헤아리며 만족시켜주는 좋은 엄마인지, 자신에게 요구만 하면서 자기감정은 안중에도 없는 나쁜 엄마인지 판단한다. 이 기준의 좋은 엄마 환상은 친구나 배우자, 낯선 사람에게까지 투사된다. 상대가 항상 좋은 엄마로서 적극적으로 자신의 필요를 만족시켜줄 것을 원하는 것이다. 대신 자신에게는 어떠한 요구도 하지 않고 무조건 사랑해주고 잘 대해주며 칭찬해줄 것을 바란다.

타인에 대한 기대는 매우 비합리적인 것으로 이를 충족시켜줄 사람은 많지 않다. 한두 번은 가능하나 자신의 기대만큼 반응해주지 않는다. 오히려 지적과 비판, 흉과 허물을 더 많이 들춰낸다. 그로 인해 우리는 자신이 부정당하거나 행동을 용납받지 못했다고 생각해 실망하고 낙담한다. 또한, 나쁜 엄마가 아이를 대하는 패턴으로 몰아가 상대의 감정을 무시하고 자신을 위한 요구만 강요하게 된다. 이로 인해 인간관계는 위축되고 다른 사람들과 멀어지는 결과를 부른다. 그리고 자신은 과도하게 보호하는 나르시시즘에 빠지게 되는 것이다.

폐쇄적인 나르시시즘에 갇힌 사람은 갑자기 자기 말이 끊기거나 말하는 도중 칭찬을 들어도 침입적 행동으로 여긴다. 어떤 의도이든 순간적으로 자신을 폐쇄 상태로 몰아넣기에 당황스러워하는 것이다. 상대가 자신을 어떻게 대하는지 끊임없이 살피고 말할 때마다 신경을 쓴다. 강연자가 청중의 시선이나 반응을 살피느라 강연 내용에 신경 쓰지 못하는 경우와 같다.

신경이 날카롭고 심한 요구를 하는 엄마는 아이에게 이런 침입적 체험을 준다. 장난감을 가지고 노는 아이에게 갑자기 달려들어 잘못한다고 지적을 한다. 자신의 방식을 강요하며 아이가 놀던 방식을 틀린 것으로 간주한다. 자기 지시대로 놀 것을 강요하며 사사건건 간섭한다. 그러면 재미있게 놀던 아이는 흥미를 잃고 놀이에 대한 만족도가 떨어진다. 이런 경험이 무의식에 내재 되어 있다가 자기가 말하는 중에 갑자기 말이 끊기면 엄격한 엄마가 날카롭게 들이닥쳤다고 여긴다. 당황해서 몰아내고 싶지만 당하는 처지에 몰렸다고 생각해 순간 멍해진다.

과거에 자기 자신을 탓하고 원망하고 부정했다면
자신에게 사과도 해보자.
더 부드럽고 포용적으로 자신을 바라볼 수 있게 된다.

‘엄마’의 내재화

엄마의 영향력에서 벗어나지 못하는 것에 대한 까닭이 있다. 자신의 핵심 자아 가치는 낮은데 강한 엄마의 침입에 속수무책이었던 감정의 덫에 걸리는 것이다. 그저 엄마의 방식에 순응하는 것이 사랑이라고 여기고, 자기 의지는 전혀 고려될 사항도 아니라고 믿는다. 그러면서 단순히 ‘힘을 가진 엄마’처럼 되고 싶어 한다. 동시에 좋지 않은 체험을 안겨준 엄마와 전혀 다른 사람이 되고 싶어 하기도 한다. 하지만 엄마가 자신을 대했던 방식에서 완벽하게 자유로울 수는 없다. 성인이 된 후에도 자신을 끊임없이 비난하고 부정하는 이유이다.

그들은 상대방이 때리는 것도 꾸짖는 것도 사랑이라고 합리화한다. 상대적으로 맞고 욕을 들으면서도 친하기에 그럴 수 있다고 생각하는 것이다. 상대에게 외면당하는 공포보다 욕을 들어도 연결되는 것이 낫다고 생각해 불합리한 관계라도 맺고 싶어 한다.

너무 무기력해지면 다른 사람에게 의지하고 싶어진다. 누군가의 의견을 듣고 평가를 받고 싶어지는 것이다. 지도를 받는 아이처럼 심리적으로 의존하고 평가와 지적을 받으며 객관적으로 자신을 보려고 노력한다. 그래야만 자신이 하는 일에서 안심한다. 어릴 적 경험한 엄마를 만족시켰다는 안도와 충성했다는 심리적

만족을 되살리는 것이다. 이런 충성심을 보여주기 위해 그들은 잘 되어 가던 일도 일부러 망친다. 그래야 관심을 불러오고 자신의 충성을 보여줄 수 있기 때문이다.

그러나 엄마의 관점에서 보자. 고의로 망쳐버린 일은 자신에 대한 분노의 표시로 본다. 마치 '이것 보세요. 당신의 가르침은 실패했어요.', '당신은 항상 제가 완벽한 사람이 되기를 바라지 않았나요? 당신은 항상 제가 뛰어난 사람이 되기를 바라지 않았나요? 지금 보세요, 저는 모든 일을 다 망칠 거에요.', '매번 일이 조금이라도 잘될 때면, 저는 그것을 다시 망칠 거예요.'라는 식의 반항으로 받아들인다. 물론 여기서 '엄마'는 현실의 엄마가 아니라 자신의 일부로 내재화된 '엄마'이다. 자신을 인정하지 못하는 '엄마'인 셈이다. 이 '내재화된 엄마'와의 관계를 제대로 다스리지 못하면 못나고 돌출된 행동을 하게 된다.

몇 가지 제안

어떻게 이 상황에서 벗어날 수 있을까? 다음 몇 가지 제안을 참고해보자.

첫째, 자신의 성장 과정을 살펴보고 지금의 어려움과 연관 지어 보자. 어떤 경험이 현재의 어려움을 초래했는지 분명히 알아야 한다. 시점이나 상황이 명확해지면 부족함에 자책하지 말고 자신의 잘못이 아니라고 스스로 말해주어야 한다. 그렇다고 남을 탓하라는 것이 아니다. 어떤 이는 어려움이 생긴 원인을 안 뒤 부모를 탓했다. 그러나 부모를 탓할수록 자신도 끊임없이 남을 비난하게 되고 결국 그들과 다를 바가 없게 된다. 그러므로 원인이 밝혀져도 누구의 잘못인지 따지지 말자. 이미 지나간 일이니 그저 그것을 안 것에 만족하면 된다. 자신의 잘못이 아님을 알게 되었다는 것만으로도 충분히 위안이 된다.

둘째, 자신이 어떤 사람이 되고 싶은지 물어보자. 때때로 우리 무의식에는 부모와의 관계에 얽혀서 타인과의 관계 맺음이 자유롭지 못할 때가 있다. 단순히 부모와 같은 유형의 사람이나 부모와 정반대 유형의 사람이 되고자 한다. 자신이 진정으로 어떤 사람이 되고 싶은지 고민하지 않는다. 다른 사람의 시선을 의식하고 대항하면서 부정적 관계 상황을 답습할 뿐이다. 반항아처럼 다른 사람의 말에 무조건 반감으로 대적한다. 그렇게 해서는 좋은 관계 맺기가 어렵다.

진정으로 어떤 사람이 되고 싶은지 자신에게 물어야 한다. 이 질문의 답이 관계의 신념으로 자리 잡는다. 이로써 더 나은 자신으로 거듭나는 것이다.

셋째, 부모와의 관계에서 벗어날 때 느껴지는 배신감과 자괴감을 무시하자. 부모 의존에서 벗어나 '아이'에서 독립적인 '어른'이 될 때 부모를 배신했다고 느껴서는 안 된다. 죄책감을 받는 사람도 있는데 이런 감정에 얽매일 필요가 없다. 과거의 경험에서 비롯된 감정일 뿐이다. 그렇지만 서둘러 없애지는 말고 정서적 면에서 천천히 소화될 수 있도록 만들자. 그렇게 자기 내면의 어린아이와 이별할 때 사회적 관계가 형성되기 시작한다.

넷째, 주변 사람들과 진실한 관계를 맺자. 이를 위해 관계가 시작되는 시점부터 자신을 표현하고 감정을 나눠야 한다. 자기 진심을 표현하려면 상대의 평가와 표정을 의식하지 않고 평가에 흔들리지 않아야 한다. 또한, 상대가 나쁘게 평가한다고 원망하거나 탓할 필요도 없다. 진정한 자신을 보여주었다면 상대를 믿어야 한다. 진정성 있는 모습을 보였다고 단번에 유대감이 쌓인다는 기대도 버려야 한다. 상대의 반응과 의중에 따라 서서히 신뢰를 형성해나가면 된다. 누군가를 믿으며 설득하는 관계에서 서서히 모든 것을 경험하자. 다만 나르시시즘이나 공포에 빠진 상태에서는 믿음이 싹틀 수 없다.

다섯째, 간단한 미러링 연습을 해보자. 미러링 연습은 맹목적으로 거울을 보면서 스스로 멋지고, 잘한다고 칭찬하는 것이 아니다. 그저 자신에게 '지금까지 오는 데 매우 쉽지 않았지. 그런 환경에서 성장하여 오늘날까지 오느라 수고했어.'라고 말해주면 된다.

노력했으니 결과나 노력이 가져올 영향에 대해선 잠시 접어두자.

억울함을 토로해도 좋다. 열악한 가정환경에서 태어나 어린 나이에 독립적인 사람이 될 수밖에 없었던 것은 분명 대견한 일이다. 여기서 말하는 독립은 정신적인 독립이다. 거울에 비친 자신을 인정할 때, 과거에 해온 많은 일이 쉽지 않았다는 사실을 깨닫는다.

과거에 자기 자신을 탓하고 원망하고 부정했다면 자신에게 사과도 해보자. 더 부드럽고 포용적으로 자신을 바라볼 수 있게 된다. 세상에 오롯이 자기편이 되어줄 사람은 자신밖에 없다는 점을 기억하자. 더 많이 긍정하고 공감하며 지금의 자신을 받아들여라. '괜찮아!'라고 스스로 건네는 위로가 자신을 성장시킨다.

PART 2

관계 속에서 자기 찾기

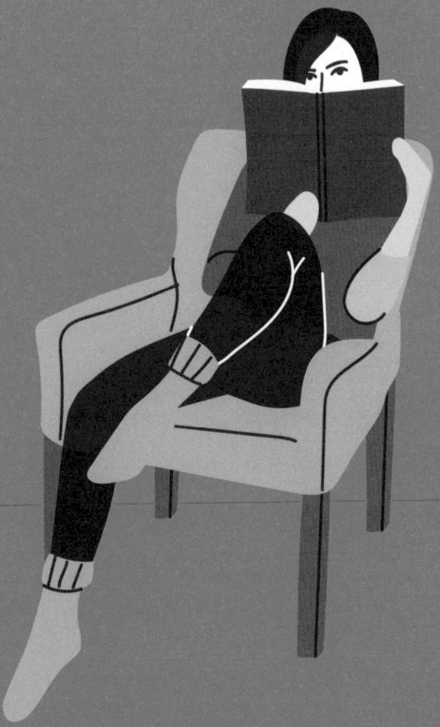

좋은 사람은 양보하고 참고 배려한다고 배웠다. 자기 의견을 내세우면 이기적인 사람이고 자기주장을 굽히지 않으면 아집이 강한 독불장군이라고 손가락질당했다. 이런 상황만은 피하고 싶어 다른 이들의 의견에 무조건 동의했다. 갈등이 일어날 상황이 되면 먼저 차단막을 치고 상대의 접근을 막았다. 그 결과 관계는 단절되고 소통이 이루어지지 않았다. 관계 속에서 자신은 어디에 있는지 찾아보자.

자신을 위해
유리벽을 깨라

저는 어릴 때부터 비교적 순탄하게 살아온 28세 여성입니다. 큰 좌절은 겪지 않았어요. 그런데도 항상 내 마음을 내가 잘 이해하지 못했습니다. 마치 저는 마음이 없는 사람인 것 같았습니다(사춘기 때 사랑에 대한 호기심이 있었던 것을 제외하고요). 사랑받는 것도 느끼지 못합니다. 나는 이 세상에서 중요한 사람이 아니라고 생각합니다.

엄마도 잘해주시고, 남자친구도 매우 신경을 써주는데 말이지요. 저를 위해 헌신하는 그들의 모습이 마치 한 편의 연극을 보는 것 같습니다. 무대 위에서 보여주기 위한 연극일 뿐이라는 생각이 들자 그들의 사랑이 저와는 아무 상관이 없다는 생각이 들었습니다. 어떻게 하면 제 마음을 열고 사랑을 느낄 수 있을까요? 살아 숨 쉬는 마음을 가지고 인생을 살고 싶습니다.

무서운 '격리'

사례 속 내담자에게 감정 이입이 되는 순간 등이 시리고 온몸이 싸늘해졌다. 주변 세계와 분리되어 어울리지 못한다는 생각은 공포를 불러왔다. 넓은 바다 한가운데 외딴 섬에 떨어진 느낌이었다. 대륙과 연결되지 못한 소외감은 강한 외로움을 불러왔다. 깊은 슬픔에 매몰되자 "사람이 영혼을 잃어버리는 것보다 더 큰 슬픔은 없다."라는 말이 떠올랐다.

다만 이 사례의 슬픔은 비교적 평화로운 현실에 가려져 있다. 그럴듯한 현실에 그녀에게는 슬픔을 표현할 기회나 권한도 주어지지 않았다. 그래서 표현하고 싶은 강한 욕구를 마음이 가로막는다. "너 또 뭘 하려고? 지금 아주 좋지 않아?", "도대체 뭘 더 바라는 거야?"라고 질문한다. 이러한 질문은 자신을 '격리'시킨다. 자신과 세상 사이에 벽을 만들고 진심을 공개하지 못하게 한다. 유리 덮개로 완전히 덮인 공간에 사는 것이다. 가시적으로 보이지만 가까이 다가갈 수도 없고 서로 간에 거리를 좁힐 수도 없다.

그럼 스스로 유리막을 깨야 할까, 아니면 밖에서 다른 사람이 깨줘야 할까?

사람들은 대부분 자신이 직접 유리벽을 깨지 못한다. 세상에 대한 막연한 두려움이 원인으로 유리막이 깨진 뒤 다른 사람들과 가까워지는 것을 무서워하는 것이다. 그래서 자신을 격리하는 방식으로 감당하지 못할 두려움을 멀리하고 방어한다. 그렇다면 그 두려움은 어디서 오는 것일까?

사례 속의 내담자는 성장 과정에서 큰 좌절을 겪지 않았다고 했다. 버림받고 학대받는 것에 비하면 어떤 좌절은 잠잠해보이고 심각한 수준이 아닌 것처럼 보인다. 하지만 매우 심각한 문제가 숨어 있다. 상대의 진심과 교류하지 못한다는 것이다. 자신이 관계 맺기를 시도했으나 거절당했다면 괜찮은 척하지만, 마음에는 매우 단단한 유리벽을 세운다. 그리고 다가오는 사람을 거절한다. 자신의 방어막 안으로 들어서지 못하게 만드는 것이다.

알게 모르게 많은 사람이 이와 비슷한 경험을 한다. 누군가와 관계를 맺고 싶어서 다가가고 의지하려고 했는데 제대로 된 반응을 얻지 못하면 이같이 된다. 그와 이어지는 관계를 상상하고 기대했던 만큼 좌절감과 소외감을 느끼게 되는 것이다. 자기 존재 가치를 의심하고 부정하게 만드는 나쁜 경험이다. 큰 시련이나 엄청나게 큰 좌절이 아닐지라도 이로 인해 사람들과의 관계가 어려워진다.

겁날수록 고립된다

매끄럽고 유연한 관계를 위해서는 세상에 대한 '호기심'이 있어야 한다. 사람들이 관심을 가질 만한 소재를 발견해 소통의 화제로 삼을 수 있기 때문이다. 같은 맥락에서 우리가 세상과 잘 소통하려는 의미 또한 세상을 알고 싶기 때문이다. 세상이 주는 답은 시시때때로 변하며 감각을 자극한다.

아주 '적절한 좌절'은 성장의 촉진제이다. 좌절이 생명력과 공격성을 자극해 존재감을 키우도록 돕는다. 자신이 살아 있고 감정적인 사람임을 느끼게 만들어주기 때문이다. 관계가 좌절에 직면했을 때 어떻게 대처해야 하는지 고민하면서 자기 능력이 강화되면 자신감을 얻어 내면의 두려움을 몰아내야 한다. 다양한 가능성을 모색할 용기를 얻는 길이다. 반면 좌절을 회피하면 스스로 자신을 가두고 깊은 두려움에 잠기게 한다.

신뢰의 붕괴

우리는 낯선 사람에게도 기본적인 신뢰를 보이긴 하지만 가까운 사람에게는 더 높은 신뢰를 보인다. 자신의 치부를 드러내도 이해해준다고 믿기 때문이다. 사랑하는 사이에는 가장 힘들고, 가장 연약하며, 가장 수치스러운 경험도 털어놓는다. 그것은 전적으로 상대를 믿는 마음에서 나온다. 털어놓은 문제로 어떤 위협도 받지 않을 것이라는 확신이 있기 때문이다.

마음의 문이 닫힌 사람은 자기 마음을 잘 표현하지 못한다. 친한 사람 앞에서도 마음을 열지 못한다면 이는 신뢰가 무너졌다는 의미이다. 그들이 자신을 다치게 하고 상처를 입힐 수 있다는 불신이 바닥에 깔려 있다. 직간접 체험으로 트라우마가 생겨도 이런 현상을 보일 수 있다.

예를 들어 멀쩡하던 사람이 갑자기 변을 당했다는 뉴스를 접했다고 가정해보자. 그런데 가해자가 아주 친한 지인이었다든지, 친인척 간 범죄나 동료 간 다툼이었다는 보도를 접하고 충격을 받았다면 직접적인 연관이 없는데도 자기 주변인들에 대한 신뢰가 무너질 수 있다.

최소한의 신뢰가 무너지면 밖으로 열린 자신의 문을 닫아버린다. 삶을 스스로 통제할 수 없다고 믿으며 쉽게 상처받는 자신을 불안하게 여기기 때문이다. 자신을 빈틈없이 보호하려는 심리로 마음을 닫아 아무도 들어오지 못하게 만들어야 안심한다. 대인관계의 불신은 상처를 입힌 사람은 물론이고 자신을 사랑하는 사람들에게도 영향을 미친다. 결국 삶 자체가 "구더기 무서워 장을 못 담근다."라는 속담 같은 꼴이 되고 만다. 그러므로 신뢰 관계를 다시 정립해보자. 삶과 타인에 대한 최소한의 신뢰를 구축해야 한다.

감수성이 떨어질수록 자존감은 낮아진다.

자존감은 자신이 세상과 타인에게 어떤 영향을 끼치고 있다는 생각에서 비롯된다. 성장 과정에 따라 자존감의 높낮이가 결정되기도 한다.

태어난 환경이나 가정의 분위기, 사회적 요건 등에 따라 자존감을 상실하기도 하고 얻기도 하면서 자신의 가치가 부여되면서 획득되는 것이다. 당연히 인정과 성취는 자존감을 높이고 부정과 제약, 억압이나 강제는 자신의 가치를 부정당하는 일로 자존감이 낮아진다.

'자존감'이 낮아지는 것은 '감수성'이 떨어지는 것과 이어진다. 감수성은 외부 세계에 대한 기본적인 감각이다. 꽃향기를 맡으면 기분이 좋고, 특별히 좋아하는 음식을 먹었을 때 기쁘고, 오랜만에 보고 싶었던 친구를 만나면 매우 흥분하는 것처럼 본능에 가깝다. 만약 감수성이 갈수록 약해지거나 감정을 제대로 느낄 수 없다면 오랫동안 자신을 등한시했기 때문이다. 자기감정에 별로 관심을 두지 않고 살았다고 할 수 있다. 무심할수록 감수성은 떨어지고 자신을 대수롭지 않게 대우한다. 자존감이 떨어지면 자신을 세상에 쓸데없는 존재로 여긴다.

문제의 해결

자존감을 높이는 방법 몇 가지를 알아보자.

첫째, 마음이 텅 빈 문제를 해결하자. 텅 빈 마음이란 자신이 외롭다고 단정하는 심리이다. 마음이 텅 비어서 아무것도 담을 수 없는 상태이기도 하다. 그렇다면 즉시 다른 사람과 관계를 맺거나 신뢰할 만한 대상과 가장 기본적인 연을 맺어야 한다. 여기에서 말하는 대상은 반려동물 기르기, 화초 가꾸기 등 자신이 일상에서 특별히 좋아하는 무언가가 될 수 있다. 어떻게든 자신과 강한 연결고리를 가진 무언가를 찾아내야 한다. 눈앞에 보이지 않으면 마음에 걸리고, 눈에 띄면 감정이 생기는 것이라면 어떤 것이든 대상이 될 수 있다.

연결을 맺을 때 무생물부터 시작하면 좋다. 사물이면 시작부터 자신이 충분히 장악할 수 있으므로 자신을 해칠까 걱정하지 않아도 된다. 마음에 드는 털 달린 장난감을 사서 항상 안아주고 그것과 대화를 나눠본다. 식물을 키우면서 햇볕을 쬐어주고, 물을 주고, 비료를 주는 등 정성껏 보살펴준다. 이런 능동적 방식을 통해 관계 맺음을 연습할 수 있다.

둘째, 감수성을 키울 기회를 만들자. 간단한 예로 아침에 일어나서 자신의 입 냄새를 맡아보자. 하룻밤 자고 아침에 일어나면 입 안에 세균이 득실거린다. 이때 먼저 숨을 한 번 내쉬어 숨결을 맡아보고 그 뒤에 치약으로 이를 닦자. 이를 닦은 뒤 다시 입김을 불어 입 냄새를 맡아보라. 두 숨결 속에서 맡아지는 냄새가 다르다는 사실을 알게 된다. 또 다른 방법은 운동할 때 스스로 목표를 정하라. 2km를 달린 뒤 뻘뻘 흘리는 땀을 닦아보자. 숨이 가빠지고 얼굴이 빨개지는 지치고 피곤한 상태에서 직접적이고 현실적인 감정을 느낄 수 있다. 자신의 심장 박동을 느끼고, 땀방울이 흐르는 감각, 다리의 떨림, 힘이 없고 온몸이 뻐근한 상태를 하나하나 느껴야 한다.

감수성을 천천히 체득하여 다양한 방면으로 확장해보면 유용하다. 꽃향기를 맡거나 조명을 감상하고, 자신의 침대 시트를 관찰하는 등 자기 주위를 둘러싼 모든 대상에게 감정을 이입해보면 된다. 일상에서 자신과 관련된 것들의 맛과 색깔을 느껴보자. 심지어 배고픔을 느낀 뒤 밥을 먹을 때 어떻게 자신이 한입을 먹는지도 체험해보자. 일상이 새롭게 다가올 것이다.

셋째, 자기 인생에 대해 생각해보자. 인생이라고 해서 거창한 게 아니다. 매우 간단하다. 미국의 정신과학 전문가인 어빈 얄롬 Irvin D. Yalom이 채택했던 방식은 자신의 묘비명을 어떻게 쓸지 고민하는 것이었다. 어느 날 자신이 죽었다고 상상하고 묘비명을 써 내려간다.

자기 인생을 통틀어 정리한다면 어떻게 정리할 수 있을까? 너무 꾸밀 필요는 없다. 순간적으로 떠오르는 잠재의식의 반응이면 어떤 생각이든 좋다. 이에 근거해서 자기 생의 가치를 다시 한번 생각하는 기회를 만들 수 있다. 만약 지금과 같은 방식이 만족스럽지 않다면 어떻게 변화해야 할지 고민하면 된다.

너무 비대한 목표를 세우지 말고 한 가지의 작은 변화를 이끌 목표를 설정해본다. 아주 간단한 목표라도 괜찮다. 매일의 할 일이나 먹고 마시는 것에서 시작해 소소한 목표를 완성해 나가다 보면 자기 존재감이 높아진다. 자신을 돌보는 성취감까지 키울 수 있다.

넷째, 구름 위에서 땅으로 내려오자. 세상을 냉대하는 나르시시즘에서 벗어나야 한다. 현실을 직시해야 자신을 똑바로 보고 상대를 알 수 있다. 자신을 향해 다가서는 상대의 애정을 멀리서 연극을 보는 관객처럼 대한다면 마음이 가 닿을 수 없다. 이는 구름 위에 올라앉은 나르시시즘의 발로이다. 구름에서 내려선다면 사람들과 상호작용으로 반응을 끌어낼 수 있다. 서로에게 연결된 감정을 주고받아 삶이 풍요로워진다. 과거 자신에게 큰 영향을 끼쳤던 외상적 경험도 치유될 것이다.

'자존감'이 낮아지는 것은 '감수성'이 떨어지는 것과 이어진다.
감수성은 외부 세계에 대한 기본적인 감각이다.
꽃향기를 맡으면 기분이 좋고,
특별히 좋아하는 음식을 먹었을 때 기쁘고,
오랜만에 보고 싶었던 친구를 만나면
매우 흥분하는 것처럼 본능에 가깝다.

적극적으로 여러 사물에 대해 느끼는 바를 다른 사람에게 표현하자. 부끄러워할 필요가 없다. 단순하고 직설적으로 표현하면 된다. 애인이 선물을 사줬다면 받는 순간 좋은 기분을 표정에 드러낸다. 선물을 확인한 뒤 다시 상대방의 눈빛을 보며 선물에 담긴 의미나 이야기를 들어보자. 이때 긍정적으로 반응해줘야 한다. 선물의 좋고 나쁨을 평가하는 것이 아니라 선물해준 상대에게 고마움을 표하는 것이다. 인간적인 감정의 표현은 자기 존재와 가치에 의미를 부여한다.

다섯째, 다른 사람에게 자기감정을 털어놓아야 한다. 감정에 따른다고 서두르지는 말자. 차분하게 자신의 감정을 털어놓으면서 그때의 감정을 되새겨보는 기회가 되었다는 것만으로도 만족스러워해야 한다. 다른 사람의 깊은 곳까지 어떻게 사랑할 수 있을지는 당장 생각하지 않아도 된다.

어떤 사람은 누구도 자신을 이해해주지 않고 받아주지 않는다는 비합리적인 인식을 지니고 있다. 어렸을 때 자기 생각을 인정받지 못하고 관심과 이해를 받아본 적 없는 사람이면 그 인식은 더 확고하다. 부정적인 경험이 계속 쌓여 누구도 자신을 이해하지 못한다는 고립을 만들어내는 것이다. 하지만 자신이 먼저 누군가에게 마음을 털어놓는다면 대화 속에서 그도 비슷한 느낌을 받고 있다는 사실을 알게 된다. 같은 감정을 가진 사람이 있다는 것만으로도 안도감과 소속감도 찾을 수 있다. 더불어 자신이 외롭지 않다는 위안을 얻는다.

고전 애니메이션 '월-E'는 패망한 지구에 남은 유일한 로봇이다. 자신 말고는 세상에 다른 로봇은 없었다. 그러던 어느 날, 우주에서 온 로봇 '에바'를 발견한다. 월-E는 에바에게 끌려 감정적 교류를 시작한다. 이처럼 인간도 상대와 연결되고 교감하며 외로운 존재가 아님을 깨닫는다. 이런 상호작용이 감정을 풍성하게 만든다.

어빈 얄롬의 《니체가 눈물을 흘릴 때》는 니체가 심리 상담실에서 사람들과 소통하며 느낀 감정을 담고 있다. 니체가 전하는 이야기를 통해 고립된 외로움에 빠진 사람이라면 스스로 문을 여는 계기가 될 것이다.

다른 사람에게 끌려다니지 마라

저는 다른 사람들의 영향을 많이 받는 22살 여성입니다. 저만의 관점을 주장하기 어려워 쉽게 다른 이의 의견을 좇아갑니다. 결국에는 다른 사람의 관점만 남아서 제 주장이나 의견을 완전히 잊어버리게 되지요. 제가 너무 수동적이고 일을 잘하지 못하기에 자신감이 없어서 그런 것 같습니다.

한 예로 최근 집의 온수기가 고장 났는데 엄마는 근처 친척 집에서 샤워를 하든지 아니면 3km 정도 떨어진 엄마 친구 집에 가서 샤워하라는 것이었습니다. 엄마는 어느 집으로 가든지 같이 가주겠다고 했어요. 물론 저희 엄마는 전형적인 '좋은 사람'입니다. 항상 자신을 억누르는 스타일이죠. 엄마는 사실 친척 집에 가는 것을 좋아하지 않습니다. 그 집의 기가 센 친척과 말하면 매우 지치기 때문이죠.

그날은 날씨가 너무 더워 제 온몸은 어느새 끈적끈적해졌습니다. 저는 멀리 가기 싫은 마음에 비교적 가까운 친척 집으로 가자고 제안했습니다. 엄마는 한참을 고민하더니 친척 집에 가기 싫다고 했습니다. 그땐 이미 밤 9시가 넘었습니다. 엄마는 다른 사람을 귀찮게 하고 싶지 않으니 샤워하지 말고 그냥 자는 게 어떠냐고 제안했습니다. '귀찮다'라는 말은 늘 엄마의 입에 오르내리지요. 저는 대뜸 "별로 귀찮은 일도 아니야. 씻지 못하는 게 더 힘들어요."라고 반박했습니다. 엄마는 큰소리로 "사람마다 생각이 다르니 귀찮게 하지 말자! 가고 싶으면 너 혼자 가도 돼!"라고 말했습니다. 저는 오랫동안 의자에 앉아 생각했어요. 그때 어떤 기분이 들었는지 그대로 표현하기 어렵습니다.

결국, 엄마에게 "그럼 안 갈래요. 샤워하러 나가기가 귀찮네요." 라고 말했어요. 그 말을 하면서 그게 저의 생각이 아니었음을 깨닫고 슬퍼졌습니다. 슬픔의 원인이 어디에 있는지 궁금합니다. 엄마 말로 제 생각이 또 바뀌었기 때문인지, 제 필요가 충족되지 않아서인지 모르겠습니다. 저는 어떻게 하면 다른 사람 의견에 끌려가지 않을 수 있을까요?

무엇이든 다 좋다고 하는 사람의 특징

사례 속 내담자의 문제의 원인은 자기 주관의 문제가 아니라 내면에 있는 '순진하고 착한 아이' 이미지에 있다. 그로 인해 자기 생각이 다른 사람에게 끌려가지 않도록 붙잡지 못하는 것이다. 이런 경우는 매우 흔하다. '착한'이라는 이미지가 덧씌워지면 선택의 폭은 줄어들고 주관은 흐릿해진다.

먼저 내담자의 엄마는 남에게 폐를 끼치기 싫어하는 '좋은 사람'이라는 사실을 분석해보자. 이른바 좋은 사람은 어떤 의미인가. 자신이 하는 일은 모두 옳고, 자신은 남에게 혜택을 주고 피해를 주지 않으며, 남에게 어떤 것도 요구하지 않는다는 뜻이다. '좋은 사람'은 자기감정을 억눌러야 하고, 남의 공격을 받더라도 선하게 대해야 한다. 그렇지 않으면 좋은 사람이라 불릴 수 없다. 이 내담자도 자신의 엄마가 '좋은 사람'이라는 것을 알고 매우 억압적으로 살아왔다. 그렇다면 '좋은 사람'은 어떻게 되는 것일까. 좋은 사람들은 반드시 다음의 특징을 만족시킨다.

첫째, 자존감이 높지 않다. 그래서 타인에게 유리한 방식대로 움직인다. 배려를 넘어서 상대의 만족을 보며 자신의 진정한 가치를 확인하는 것이다.

둘째, 자신의 관점이나 욕구 따위는 중요하게 생각하지 않는다. 심지어 완전히 무시한다. 타인의 의지, 생각, 소망, 감정을 더 중요하게 여긴다.

셋째, 남에게 폐를 끼치지 않고 반드시 혜택을 준다. 자신에게 필요한 도움은 받지 않는다. 도움을 받으면 자신이 남에게 필요한 사람이 아니라 남을 필요로 하는 사람이 되기 때문이다.

넷째, 자신의 솔직한 생각과 감정을 잘 표현하지 못한다. 다른 사람에게 자신의 결점이나 약점을 보이기 싫어서 언제나 자기를 관리한다. 남에게 '좋은 사람'이 되기 위해서 항상 그저 좋은 사람의 표정을 유지하는 것이다.

그러나 가까운 사람에게는 좋은 사람의 상태가 좋지 않을 수도 있다. 감정 기복이 심하고, 변덕스럽거나 화를 자주 내는 사람으로 보인다. 밖에서 자기감정과 공격성을 억누르고 스스로 안전하다고 생각하는 사람 앞에서 그 스트레스를 푸는 것이다. 그렇지 않으면 좋은 사람의 상태를 유지하기 어렵다. 일종의 균형인 셈이다. 외부에는 매우 인정 많고 누구에게나 잘하는 좋은 사람이면서 자기 가족에게는 형편없는 사람인 이유가 바로 여기에 있다.

다섯째, 좋은 언행에는 환심과 동시에 비난도 담고 있다. 남의 환심을 사거나 비난하는 일은 대인관계의 의도에서 나온다. "내가 좋게 말하고 일하는 것은 모두 당신들에게 잘 보이려는 것이다. 내 의견을 고집하지 않고 당신들의 뜻에 따르는 것도 좋은 관계를 유지하려는 까닭이다. 그러니 당신들은 나의 자원과 권리를 박탈하고 있다. 곧 당신들은 모두 나쁜 사람이다."라는 심리작용이다.

여섯째, 남들과 진정성 있는 관계를 맺지 못한다. 진정성 있는 관계를 맺으면 양쪽 모두 진솔한 감정과 정서를 드러내야 한다. 하지만 '좋은 사람'은 다른 사람에게 자신의 진실한 관점과 생각을 감춰야 '좋은 사람' 상태를 유지할 수 있다. 이 때문에 그들은 진정성을 배제하고 좋은 사람의 이미지만 형성하려 한다.

무엇이든 다 좋다고 하는 사람이 되는 과정

'좋은 사람'의 초심에는 옳은 사람이 되고 싶다는 마음이 깔려 있다. 인간관계에서 소외되거나 무시당하고 버림받는 것을 두려워하는 마음도 있다. 일관되게 '좋은 사람'의 이미지를 구현하는 사람은 태어날 때부터 가족들에게 환영받지 못했을 가능성이 크다. 어릴 때부터 자신이 부모의 짐이라고 생각한다든지, '자신이 태어남으로써 부모에게 많은 폐를 끼친 건 아닐까.'라고 생각한다. 이런 아이들은 다른 사람들에게 혜택을 주어야 자기 가치가 완성된다고 믿는다. 남들에게 필요한 존재가 되었을 때 자신의 할 일을 잘 수행했다고 여긴다.

'좋은 사람'의 인격적 특징은 자존감의 기초가 부실하고 낮은 곳에 세워졌다는 점이다. 엄마 아빠가 자신의 출생을 반갑게 여기지 않아 폭언을 퍼붓거나 무시했다면 어떤 대상을 상대하든 분노와 두려움을 갖는다. 인간관계를 매우 조심스러워하고 무슨 일이 있어도 마음 깊은 곳까지 개방하지 않는다. '좋은 사람'이 속이 깊어 보이는 이유도 여기에 있다.

또, '좋은 사람'은 다른 사람에게 폐를 끼치는 것에 민감하다. 폐를 끼치는 순간 자신이 버림받을까 봐 공포에 떤다. 이런 상황을 맞닥뜨리기 전에 열심히 상대의 기분을 맞추려고 노력하고 그의 감정에 민감하게 반응한다. 이 과정에서 환심을 사려고 애쓴다. 마치 가면을 쓴 채 '좋은 사람' 역할을 하는 것처럼 한결같은 모습을 유지한다.

우리 회사의 건물을 청소하는 아주머니가 있다. 나는 그분과 만날 때마다 웃으며 인사를 건네는 사이여서 밝은 사람이라고 생각하고 있었다. 그런데 어느 날, 엘리베이터에서 마주친 모습은 의외였다. 무슨 일이 있었는지, 어떤 마음이었는지는 모르지만 아주 싸늘한 표정을 짓고 있었다. 눈빛은 다소 험악하기까지 했다. 시선은 바닥에 꽂혀 있었고 서늘한 기운이 뿜어져 나왔다. 하지만 나를 본 그 순간 그녀는 평소처럼 미소를 지었다. 나는 조금 전까지 그녀가 지었던 표정을 떠올리며 미소 뒤에 숨겨진 진짜 모습이 생각나서 언뜻 두려운 마음과 걱정이 앞섰다.

그렇다면 사례 속 내담자의 엄마가 어떻게 아이를 자신과 비슷한 '좋은 사람'으로 만들었는지 살펴보자. 이 모녀의 대화에서 아이는 줄곧 엄마의 환심을 사려고 애쓰며 감히 엄마의 기분을 상하게 할 엄두를 내지 못하고 있다. 엄마의 뜻에 반하고 다른 의견을 표현하기를 자제하며 억누른다. 엄마의 의견이 곧 자기 의견이라 생각하고 진짜 자신의 의견을 묵살해버린다. 얌전하고 순종적인 아이가 되고 싶은 것이다.

만약 우리도 이 엄마와 함께 있는 상황이라면 엄마의 반응, 표정, 말에 예민하게 반응할 수 있다. 엄마가 기분 나빠하면 내가 뭘 잘못한 건 아닐까를 생각하고 엄마가 좋아하고 원하는 모습으로 돌아가려 한다. 그 과정에서 자기 뜻을 접는다. 이 내담자처럼 샤워를 하지 않으면 몸이 찝찝하지만 엄마에게는 착한 아이가 되려고 샤워를 참는다. 엄마의 생각이나 행동에 의구심이 들 때도 자신이 잘못 생각하는 것이라 여기며 자기 의견을 접는다. 그래서 마음속 깊은 곳에 슬픈 마음이 드는 것이다.

이런 슬픔에는 세 가지가 포함되어 있다. 첫째는 내가 원하는 대로 하지 못한 슬픔이다. 둘째는 엄마의 요구를 들어주지 못한 슬픔이다. 셋째는 내 뜻이 존중받지 못한 슬픔이다. 누군가를 탓하고 싶어도 탓할 수 없고, 자신을 탓할 수밖에 없으니 더 슬픈 것이다.

슬프지만 엄마 생각에 공감하는 데는 또 다른 세 가지 이유가 있다. 첫째는 엄마에 대한 충성심 때문이다. 이런 충성심은 엄마가 이전에 "네가 말을 안 들으면 엄마가 너한테…."라는 말로 충성을 강제했던 것이다. 이런 위협에 질려 억지로 공감할 수밖에 없었다. 둘째는 엄마에 대한 효심이다. 어릴 때부터 착하고 말 잘 듣는 아이로 자라야 한다고 배웠다. 엄마의 말을 잘 들어야 효도라는 강박이 작용했다. 셋째는 자기 가치가 실현되기 때문이다. 그녀는 지금 샤워를 가지 않으면 엄마에게 이득을 가져다주는 역을 맡고 있다. 스스로 매우 만족스러운 위치이다.

그 결과 성장한 후에도 자기 가치에 의구심이 들면 다른 사람에게 이득을 주는 사람이 되고 싶어 한다. 엄마나 주변 사람에게 득이 되고자 하는 것이다. 그것만이 자신의 가치를 실현하는 길이라고 믿는다.

자신을 고수하는 데는 어려움이 따른다

다른 사람의 말을 들으면 이익이 따른다. 결과가 어떻든 책임지지 않아도 된다. 반대로 말을 듣지 않으면 자신이 책임을 감수해야 한다. 어떤 엄마는 "그거 봐, 엄마 말 안 들으니까 큰일나지?"라고 말한다. 이런 엄마의 말에 자기가 선택을 잘못했다는 심한 낙담과 수치심을 느낀다. 아이가 성장하는 동안 엄마와 이런 상호작용이 반복되면 "말만 잘 들으면 큰 책임을 지지 않아도 된다."라는 신념이 형성된다. 그리고 모든 일에서 절대로 자신이 앞에 나서서 행동하지 않고 자기 의견을 주장하지도 않는다. 나쁜 결과의 책임을 전가하기 위한 방법적 선택이다.

때로는 자신을 고집하지 않는 것이 많은 이득을 가져준다. 자신에게 편안한 공간이 형성되기 때문이다. 반대로 독립하면 많은 위험을 부담해야 하고 위험을 감수해야 한다.

위험은 대부분 정신적 측면인데 다음과 같은 내용을 포함하고 있다.

첫째, 의지하는 사람으로부터 따돌림이나 비난을 받을 수 있다. 둘째, 정신적 자책과 자기부정에 빠질 수 있다. 자기 관점이 남들과 다르다는 것을 알게 되면 자신을 의심한다. 어렸을 때부터 인정받지 못하고 부정당하는 상태에서 자랐다면, 어떤 문제에 부딪혔을 때 자신을 먼저 탓한다. 자신이 잘못한 것 아닌지, 제대로 해낸 건 맞는지 의심하며 부정하는 것이다. 셋째, 다른 사람과의 관계에서 갈등이 생길 수도 있다는 두려움이다.

우리는 왜 사람과 부딪치기를 두려워하는가

인간관계에서 갈등이 일어나면 엄청난 에너지가 들어간다. 귀찮은 일이 수없이 벌어지고 누군가에게 상처를 줄 수도 있으므로 일부러 갈등을 일으키는 사람은 없다. 갈등을 일으키는 사람을 나쁜 사람이라고 치부하기도 한다. 그래서 자기 내면에 갈등이 일어나면 다른 사람에게 책임을 떠넘기려 한다. 혼자 넘어져서 아무도 탓할 대상이 없으면 땅바닥이라도 탓하는 것과 같은 심리다. 자기 책임에서 조금이라도 벗어나려는 의도이다.

한 예로 성장하면서 누군가의 책임을 떠맡는 대상이 되었다고 생각해보자. 갈등의 골이 깊어진 부모가 이혼하지 않는 것이 전적으로 '너' 때문이라는 말을 들었다면 그 책임의 무게를 감당할 수 있겠는가. 이것은 한 사람이 쉽게 감당할 수 있는 무게가 아니다.

인간관계 속의 갈등은 깊은 두려움을 느끼게 한다. 부모와 자식 간에 말다툼을 한 뒤 엄마 기분이 나쁘거나 우울하면, 아이는 달래려고 안간힘을 쓴다. 엄마는 아이를 외면한 채 혼자 눈물을 흘린다. 아이는 엄마의 보살핌을 받지 못할 거라는 두려움을 느낀다. 이때 아이와 엄마의 관계는 통제 불능의 상태가 된다. 다른 예로 남자가 여자를 사랑하는데 거절당할까 봐 겁이 나고, 거절당한 뒤 어떻게 지낼지 몰라 고백하지 못하는 경우도 있다. 남자는 고백이 위험을 무릅쓰는 것이라고 여긴다.

관계에서 자기 생각을 고집하지 않는 것도 관계가 나쁜 상태에 빠질까 봐 두렵기 때문이다. 상대가 비교적 감정적인 사람이라면 의견을 무시하거나 외면해버릴 수도 있다. 그러면 자신이 무시당했다는 느낌을 받는다. 이를 감당하기 싫어 미리 포기하는 것이다.

마지막으로 갈등 후 인간관계를 유지하고 복원하는 데 드는 비용이 크다. 한 가지 물건을 망가뜨리고 다시 수리하는 것과 같은 이치다. 뛰어난 복원력이나 소통 능력이 없다면 두 사람의 관계를 원래대로 회복하기 어렵다. 단순하게 유지만을 원하더라도 많은 비용을 감당해야 한다. 그래서 자신의 의견을 고집하지 못한다. 상대방과 부딪칠 수 있다는 상황이 초래되고 외면당할 수 있으므로 차라리 자기 생각 자체를 억누른다. 문제에 직시하면 분란이 생기기 때문에 깊이 관여하지도 않는다. '분쟁을 그치고 서로 평안히 지내는 것'이란 바로 이런 상태이다.

감지하는 것과 견지하는 것

엄마의 통제력이 아이의 관점과 일치하지 않을 때 서로 갈등이 일어난다. 통제형 엄마와 말 잘 듣는 아이의 관계는 어떤 일이든 순조롭게 진행된다. 이런 관계에서 자란 아이들은 다른 사람과 어울릴 때도 비슷한 양상을 보인다. 순종이 답이라고 생각하는 것이다. 자기 생각을 주장하지 않고 마치 어떤 의견도 없는 것처럼 행동한다. 이들은 어떻게 해야 자기 생각을 표현하고 자신의 견해를 견지해야 하는지 모른다.

'좋은 사람'의 초심에는 옳은 사람이 되고 싶다는 마음이 깔려 있다.
인간관계에서 소외되거나 무시당하고
버림받는 것을 두려워하는 마음도 있다.
일관되게 '좋은 사람'의 이미지를 구현하는 사람은 태어날 때부터
가족들에게 환영받지 못했을 가능성이 크다.

우리가 매일 하는 생각 중 어떤 것은 중요하고 어떤 것은 중요하지 않다. 그중에 요점을 빨리 감지하고 알아채서 잡아야 할 생각들이 있다. '어떻게 해야만 지금의 상황을 바꿀 수 있을까?', '어떻게 해야 주관적이고 독립적인 정신과 사람의 통제를 받지 않는 자유로운 마음으로 변할 수 있을까?'와 같이 자신의 문제를 타파하기 위한 생각은 최대한 빨리 낚아채야 한다. 이 생각들이 견지되는 순간, 핵심을 잡아 자기 것으로 만들어야 한다. 이를 위해 몇 가지 제안을 한다.

첫째, 분리라는 것을 시도해보자. '분리'라면 사춘기를 들 수 있다. 자아가 성장하는 사춘기 때 아이는 엄마의 생각에 전적으로 동의하지 않는다. 세대 차이와 생각의 차이에서 오는 정서적 분리가 오히려 자연스러운 결과다. 아이 삶을 엄마가 대신해 살아줄 수 없는 삶이니 분리작업은 필수적으로 진행되어야 한다. 하지만 통제욕이 강한 엄마는 분리를 반항으로 받아들인다. 자기 말에 충성하지 않는 모습에 분노하는 것이다. 하지만 이제는 아이도 엄마가 전지전능하지 않으며 완벽하지 않고 잘못을 저지르고 당황하는 인간이라는 사실을 안다. 그로 인해 엄마에게서 분리될 사고가 생기고 진정한 자기 모습을 찾게 된다.

둘째, 자신이 치러야 할 대가를 분명히 감당하자. 엄마와 분리할 때는 어떤 대가를 치러야 한다. 그 대가를 자신이 감당해야만 확실하게 분리할 수 있다. 아이들은 옳고 그름을 따지지만 어른은 이해득실을 따진다. 분리된 사고를 갖기 위해서는 어떤 문제에 대해 자기 견해를 견지하면서 어떤 혜택과 영향이 있는지 반문해야 한다. 이런 시각으로 문제를 바라보면 상황을 더욱 입체적으로 살필 수 있다. 선택의 과정에서 모든 위험을 감수하고, 상응하는 비용을 기꺼이 지불하고도 결과를 책임질 수 있는지 냉정하게 판단하자. 거기서 분리와 독립의 에너지가 발산된다.

셋째, 세상에 호기심을 품는다. 세상을 알고 싶다는 호기심을 품고 자신만의 방식으로 탐색하자. 누군가 제시한 방식을 거부하고 부모의 세계를 답습하지 않아야 한다. 자신만의 세계를 마주하고 진정으로 세상과 호흡할 수 있는 용기를 얻어라. 과정에서 실수가 있어도 괜찮다, 계속해서 이 세상을 탐색하겠다는 의지와 열정만 있다면 시행착오는 거뜬히 이겨낼 수 있다.

넷째, 사람 간의 차이를 받아들이는 법을 배워야 한다. 사람 간 차이는 대부분 가치관의 차이이다. 어떤 가치관을 지녔든 좋고 나쁜 것이 없고, 옳고 그름의 차이가 없다. 자신의 가치관을 의심하지 마라. 다른 사람과 감정을 공유하고 여러 사람에게 자기 의견을 표현해보자. 인정받는 경험을 하면 진정으로 자신을 이끌 수 있다. 누군가에게 의지하고 싶다는 내면의 열망을 떨쳐버리면 어떤 문제가 닥쳐도 쉽게 해결할 수 있다.

다섯째, 인간관계의 갈등이 누구의 책임인지 규명해야 한다. 어떤 일을 할 때 법을 어기지 않는 한 모든 것이 허용될 수 있다는 열린 마인드를 갖자. 서로 생각이 다르거나 진행하는 일에서 생기는 의견 차이로 불만을 터지더라도 상처받으면 안 된다. 서로의 차이를 받아들이고 개선할 점을 찾아야 한다. 무엇이 상대의 의견이고 무엇이 자기 생각인지 규명하면 된다. 분리를 완료하고 경계를 그으면 문제의 원인이 보인다. 물러설 수 없다면 천천히 자아를 세워 자기 생각과 관점, 의사를 상대에게 전하자. 물론 이 길이 순탄치 않을 수 있다. 그러나 이 길을 가야만 자신을 찾고 당당한 삶을 살 수 있다.

변하기 위해선
분명한 가치관이 필요하다

저는 대학교에 다니는 4학년 학생입니다. 1학년 때 도덕 수양과 법률 기초수업 시 교수님은 대학 4년 동안 꼭 자신을 변화시켜 보라고 했습니다. 그 후로 계속해서 저를 변화시키기 위해 노력하며 살았습니다. 비록 무엇을 변화시켜야 할지, 어떻게 변화해야 할지 모르지만 말이지요.

그 갈망 때문인지, 아니면 다른 사람의 영향을 쉽게 받아서인지 그동안 저는 많이 달라졌습니다. 공부와 동아리 활동도 열심히 하고 학교행사에도 적극적으로 참여했습니다. 그런데 시간이 지날수록 점점 모든 일에 흥미가 없어져 갔습니다. 주로 기숙사에 있으면서 빈둥거리기만 했습니다.

솔직히 이렇게 사는 것도 그렇게 나쁘다고 생각하진 않지만, 예전보다 확실히 나태해진 제 모습이 마음에 들지 않았습니다. 그래서 대학원 진학을 결심했지만 시험이 한 달 앞으로 다가왔는데도 전혀 조급해지지가 않습니다. 그냥 제 앞날이 별것 아닌 것처럼 느껴집니다.

이렇게 된 근본 원인이 저에게 있다는 것도 압니다. 계속 이렇게 살아야 하는지 고민도 많고요. 자신감이 없어지니 다른 일에도 우유부단해서 결정을 잘 못 내립니다. 예쁘게 화장한 친구들을 보면 나도 배워야 하지 않을까 생각하고, 다들 옷을 잘 입고 코디하는 모습을 보면 나도 센스 있게 옷 입는 법을 알아야 하지 않을까 생각합니다. 이렇게 매력 없는 저이기에 남자친구도 영원히 사귀지 못할까 봐 걱정입니다. 사회적으로 성공한 사람이 멋지게 사는 것을 보면 그런 삶을 동경하게 됩니다.

도대체 제가 어떤 인생을 살기 원하는지 모르겠습니다. 이렇게 너무나 평범하게 사는 것도 달갑지 않고, 그렇다고 너무 스트레스를 받고 살면 또 제가 감당할 수 없을 것 같습니다. 23살이 되었는데도 아직 안정적인 인생관과 가치관을 세우지 못했습니다. 그저 흘러가는 대로 따라가는 제 모습에 좌절합니다. 이런 저를 다른 사람들이 어떻게 평가할지 묻고 싶습니다. 저는 또 이런 나와 어떻게 마주해야 할까요? 진짜 변화를 주고 싶은데 어떻게 해야 할지 모르겠어요.

지금의 행복과 미래의 균형

사례 속 내담자의 문제 분석에 들어가기에 앞서 상담을 신청한 23살 여대생에게 격려의 박수를 보내고 싶다. 인생의 과도기 시점에 어떤 사람이 되고 싶은지 고민하는 것은 각성이 시작되었음을 나타낸다. 따라서 그 용기를 응원한다.

어떤 사람이 되고 싶은지를 알고 싶다면 먼저 자신이 어떤 사람인지 알아야 한다. 이 학생의 사례를 보면 자신에 대한 불확실성과 당혹감이 교차하고 있다. 자신을 알아가기 위한 과정에서 고려하지 않았던 자기 모습을 보고 있다. 우리는 남의 눈을 통해 자신을 알기도 하지만 내면에 자기 평가 시스템으로 자신을 파악하기도 한다. 이 둘이 서로 호환되지 않을 때 우리는 혼란스러워진다.

이 내담자의 질문에 나는 23살 때 어떤 고민을 했을까 생각했다. 아마도 비슷한 문제로 갈등했겠지만 그것을 깊게 생각하지는 못했던 거 같다. 깊이 있는 사고란 자신이 변하고 싶을 때 변화시킬 목표에 집중하여 어떻게 변화시킬 것인지 생각하는 것이다. 자신을 변화시키기 위해 어떤 절차와 과정이 필요한지 알아야 한다. 어떻게 목표를 달성할 수 있는지 돌아보고, 생각과 행동을 결합해서 현실로 만들 때 변화가 가능하다. 단순히 하는 생각과 깊이 있는 사고의 차이가 바로 여기에 있다. 그러나 상상의 결과는 현실 검증의 결과와 크게 다를 수 있다. 이상과 현실의 자아 사이에는 차이가 있게 마련이다. 이 차이가 스트레스로 바뀌지 않도록 주의해야 한다. 스트레스가 과도하게 쌓이면 이상적인 자아 추구를 포기할 수도 있다.

오스트리아 심리학자 알프레드 아들러Alfred Adler는 인생의 세 가지 문제를 요약했다. '학문의 문제, 직업의 문제, 결혼의 문제'이다. 모든 사람이 이 문제를 가지고 고민하지만 뚜렷한 답을 찾지는 못했다. 따라서 이에 대한 해답을 갈구하면서 문제에서 벗어나고 이상을 추구하면서 해탈하고자 한다. 그러나 이런 고민은 불가피하고 한 번에 해결하기도 어렵다. 평생의 과제로 수반되는 것이다.

'현재를 즐기기'와 '미래를 추구하는' 것 사이에서 조화롭게 균형을 이루어야 한다. 현재의 삶에 만족도를 높이면서 미래의 삶을 이끌어 풍요롭고 안정된 생활을 추구하기 위해 끊임없이 자신을 돌아보며 관계를 재조명하자.

생존 본능이나 생존 전략을 쾌락 우선주의로 여기는 사람이 있다. 패기 왕성한 젊은 대학생들 사이에서 나타나는 드물지 않은 현상이다. 대학에 가기 전 그들은 쾌락 욕구를 억누르고, 열심히 공부하며 자신의 단계적 목표 달성을 위해 진력한다. 주변에서도 좋은 대학에 진학하기를 독려하니 다른 길은 쳐다보지 못하고 오로지 대학 진학을 유일한 목표로 분투하는 삶을 산다. 그로 인해 안정적인 인생관과 가치관을 형성하지 못하고 대학에 들어가면 누리지 못했던 시간에 대한 보상이나 억눌렸던 감정에 대한 보복적 행위로 욕구를 채우려 한다. 상황에 떠밀려 억압되었던 삶을 보상받으려는 것이다.

사람에게는 분명 보상 또는 보복적 행위가 필요하다. 그러나 어떤 행동도 과거의 억눌린 부분을 만족시키지는 못한다. 각주구검刻舟求劍처럼 칼을 강물에 빠트리고 뱃전에 그 자리를 표시해둔다면 잃어버린 검을 되찾을 수 없다. 마찬가지로 보상적 행위로 많은 즐거움을 얻더라도 삶의 고민이나 초조함은 떨쳐버릴 수 없다. 과도하게 낭비된 시간만큼 그 대가를 톡톡히 치르기 때문이다.

물론 보상 심리를 즐기면서 좋은 인간관계를 맺기도 한다. 관계를 통해 한 집단에 종속되면 소속감을 얻으니 나쁘기만 한 것은 아니다. 동아리나 그룹에 가입해 함께 일하고 이들과 어울리는 것은 인간관계를 형성하는 전략이다. 관계 맺음에 있어 다른 전략보다 더 효과적이기도 하다.

내가 어떤 사람인지 분명히 아는 법

어떤 사람이 되고 싶은가의 문제는 자신의 성격과 깊게 관련이 있다. 타고난 성격은 매우 바뀌기 어려운 것으로 외향적인 성격을 가진 사람에게 다소곳해지라고 요구하는 것은 무리다. 엄청나게 큰 사건의 영향으로 본질적 사고가 뒤바뀌지 않는 한 불가능한 것이다.

자신의 성격을 확실하게 아는 방법으로 전문적인 심리테스트를 받아보는 것도 하나의 방법이다. 'Big 5 성격 검사'도 그중 하나이다. 테스트를 통해 5가지 성격 중 어떤 특성이 강한지 파악하는 데 도움이 된다.

어떤 성격을 가졌든 주변 사람의 평가에 좌지우지되어서는 안 된다. 주변 사람들과 어울리며 거칠어졌다고 해서 자신이 외향적 사람이라고 생각하거나, 조용해졌다고 내성적 사람이라고 성급하게 생각해서도 안 된다. 다른 사람의 시각과 평가를 듣고 자신을 알고 이해하는 데 참고할 수는 있어도 온전히 그렇다고 믿어서는 안 된다. 당신을 질투하는 사람은 나쁘게 평가할 수 있으며 당신을 사랑하는 사람은 모든 면에서 최고라고 말하지 않는가. 이렇게 서로 모순된 평가로는 자신을 제대로 알 수 없다.

자신이 어떤 사람인지 제대로 알려면 직접 관찰하고 이해해야 한다. 시선을 자신에게 두고 행동이나 감정의 변화를 살펴야 한다. 계속해서 주변의 다른 사람을 의식하면 자신에게 각양각색의 평가 꼬리표가 붙는다. 그 꼬리표들은 천차만별이어서 유용한 것도 있지만 버려야 할 것들이 대다수다. 시간이 낭비되며 알수록 고통만 가중될 수 있다. 자신의 성격은 존엄한데 타인의 시선과 관점에 맞출 필요도 없다.

자신이 어떤 사람인지, 진실로 추구하는 삶은 무엇인지 알고 싶다면 직접 관찰을 시도해보자. 근거 없는 억측만으로 무협지에 묘사된 협객이나 소설 속 주인공이 되는 것을 상상해서는 안 된다. 현실에 맞지 않는 허무맹랑함으로 포장될 뿐이다. 자기 내면에 직접 접촉하고 들어가봐야 한다.

서서히 현실을 경험하자. 그래야만 자신이 어떤 사람이 되고 싶은지 분명하게 알 수 있다. 만약 자기 주변에 멘토가 있다면 그의 삶과 지향점을 살펴보라. 자신의 능력을 점검하면서 스스로 부족한 부분을 다지고 채워갈 수 있다.

다른 사람과 비교하다 보면 불안해진다

사례 속의 내담자 학생은 남보다 잘해내지 못하고 있다는 의식을 불안으로 드러내며 과거 생활의 방식에서 벗어나기를 두려워하고 있다. 성장 과정에서 겪은 일들은 하나하나 체화되어 심리에 깊게 각인된다. 그중 중요한 경험 중 하나는 권위자에 대한 '복종'이다.

이 학생은 대학교 1학년 때 반드시 자신을 변화시키라는 교수의 강의를 들었다. 그러나 변화의 방향이나 방법은 잘 알지 못했다. 이런 모호한 상태가 내면의 충돌을 일으켰다. 자주적 의지와 복종의 심각한 충돌이다. 자신이 어떤 사람이 되느냐는 문제는 자기 주관에 따른 자주적 결정인데 다른 사람의 요구에 따라 변해야 한다면 복종에 의한 변화의 시도이기 때문이다.

우리는 일반적으로 어떤 사람이 되고 싶은지 생각할 때 롤 모델을 찾는다. 성공한 사람, 행복한 사람, 능력 있는 사람, 존경받는 사람 등 자기 가치관에 맞는 인물을 앞세운다. 그리고 자신의 현재 위치, 환경, 재능과 비교하면서 가능성을 짐작한다. 그러나 이런 비교는 필연적으로 일반화를 낳는다. 자신보다 나은 사람과 끊임없이 비교하면 결국에는 자신을 부정할 수밖에 없다. 감히 올라갈 수 없는 나무를 바라보고 있다며 한숨 짓는다. 이렇게 맹목적인 목적은 자기부정을 표출하게 된다. 자신을 인정하지 못하는 상태에서는 불안이 치솟는다. 불안에 불안이 겹쳐 고통스러울 수밖에 없다.

자신을 바꾸되 또 다른 누군가는 되지 마라

어떻게 변화할 것인가? 누가 뭐라든 더 나은 자신으로 만드는 변화여야 한다. 결단코 다른 사람이 되기 위한 변화가 아니다. 만약 롤 모델이었던 그 대상으로 자꾸 눈을 돌리게 되면 비교 대상에 막혀 변화가 좌절된다. 다음 세 가지 제안으로 구체적인 변화를 꿈꿔보자.

첫째, 현재의 자신을 받아들이고 어떤 평가나 꼬리표도 붙이지 마라. 먼저 있는 그대로 자신을 살펴보자. 즐거움이 좋고 장난치는 것이 좋다, 화장하는 것이나 옷 입는 것을 배우고 싶다, 친구들과 어울리는 일에서 의미를 찾는다 등 진실한 자기 속마음을 알아야 한다. 대신 자기 모습이 시시한 것 같고 잘못하고 있는 것 같아도 이를 부정하거나 비판하지 마라. 무조건 인정하고 받아들이면서 미래에 대한 두려움도 떨쳐내야 한다. 자신에게 궁금한 것이 있어도 물어보지 마라. 자신의 가치 판단이 객관적이라고 볼 수 없기 때문이다.

자기 내면에 깃든 불합리한 인식을 끊임없이 깨야 한다. 불합리한 인식은 곧 뒤틀림, 일반화, 과장과 각종 전이를 의미한다. 자기를 알아가는 과정에서 득이 되지 않는다. 자신을 새롭게 인식하려면 더 객관적이고 합리적으로 접근할 필요가 있다.

내담자는 대학원 진학에 거부감을 갖고 있을 뿐 게으르지 않다. 게으름의 가치 기준은 상대적이고 다른 사람과 비교의 결과 인식이다. 반드시 부지런함의 기준이 있어야 자신을 게으르다고 평가할 수 있지 않은가. 그러나 기준으로 삼은 그 부지런함이 모든 부지런함의 기준은 아니다. 단순히 자기 관점에서 적용된 기준일 뿐이다. 이렇게 주관적인 기준으로 자신을 평가해봐야 자신만 괴로울 뿐이다. 차라리 대학원 진학에 거부감이 있으며 공부에 전념할 수 없다면 마음을 가라앉히고 공부방법을 찾아야 한다. 그럴 때 자연스럽게 다른 사람의 초대를 거절하고 오락 활동을 자제하며 변화될 수 있다.

둘째, 작은 걸음의 원칙을 견지하면 더 나은 자신이 된다. 작은 걸음의 원칙이란 나선형으로 올라가는 과정이다. 매일 조금씩 실천하고, 발전하고, 변화하라. 단 한걸음에 변화하기란 불가능하다. 그런 상상 자체가 비합리적인 기대이다. 예를 들어 복권을 사는 사람은 당첨되어 일확천금을 손에 쥐길 원한다. 희박하지만 가능성은 있다. 그렇다고 이 가능성에 목숨 걸겠는가. 냉정하게 확률로 따지면 이는 환상이다. 진정한 변화는 하루아침에 이루어지는 것이 아니라 작은 걸음의 원칙을 따라 이루어진다.

매일 정해진 목표를 향해 조금씩 나아간다면 긍정과 공감, 보상이 주어진다. 인간의 본성은 이익을 추구하고 손해는 회피한다.

성취감과 만족감을 얻는 일에는 기꺼이 나서며 고통이 따르더라도 해낸다. 다만 급하게 마음먹지 말고 천천히 시도하고 늘려 가야 한다. 오늘 2km를 뛰었다면 내일은 2.5km를 달려보자. 시간이 지나면 5km는 가뿐히 달릴 수 있을 것이다. 처음부터 남들 따라 5km를 달리면 뒷받침되지 않는 체력에 쓰러지고 만다. 그 후에는 달리는 행위를 고통으로 느끼고 좌절한다. 자신을 무력한 인간, 무능한 사람으로 부정한다.

선불리 변화를 장담하지 말고 성급하게 변화를 꿈꾸지 마라. 오늘도 달리고 있는 자신에게 성취감을 줄 것이냐, 좌절감을 줄 것이냐는 노력하는 모습을 바라보는 나에게 달려 있다. 자신을 대할 때의 극과 극의 태도에서 결정되는데 자기 인생관과 가치관이 이를 좌우한다.

인생관과 가치관은 생각보다 어릴 때 형성된다. 자신이 도전하고 시도하는 일에서 기회를 거부당하거나 외면당하면 인생관이 '무의미'해진다. 도전의 의미가 없어지고 시도하는 일 자체가 매력을 잃는다. 그로 인해 기회가 와도 거부하게 된다. 호기심이 일어도 관심 두지 않는다. 결과에 대한 두려움도 가치관에 결정적 영향을 끼친다. 결과만 가지고 혼이 나거나 실패자로 낙인찍힌 경험은 자신이 꿈꾸는 가치를 묵살당한 느낌으로 작용한다. 실수가 두려워 아무 일도 시도하지 않는 채 앞으로 전진이나 발전을 꿈꾸지도 않는다. 만약 자신이 이런 인생관과 가치관으로 살아가고 있다면 지금 당장 스스로 잘못된 시도를 할 기회를 줘야 한다. 삶에 리듬과 흥을 더하는 길이다.

셋째, 성취감을 만끽해야 한다. 우리는 '성취' 앞에서 낮은 자세를 취한다. 어려서부터 겸손이 미덕이라는 관습을 배웠기 때문이다. 그로 인해 단 일 분도 성취감에 취하지 못한다. 성취의 쾌감을 속으로 삭이며 포효하고 싶은 환희를 애써 누른다. 이제는 그러지 말자. 자신이 이룬 성취보다 값진 선물은 없다. 마음껏 자신을 감상하고 자신이 해낸 성취에서 즐거움을 얻자. 그래야만 다른 사람의 지지와 인정이 뒤따른다. 다음 목표를 향해 가는 에너지가 충전되고 의욕을 불사르게 된다.

위의 세 가지 제안만으로 변화를 꾀하기에는 어려움이 있다. 하지만 자신을 변화시키는 가장 효과적인 방법임에는 틀림없다. 변화를 꾀하다 보면 외로움이 찾아들고, 주변의 정보에 휘둘릴 수 있지만 소신을 굽혀서는 안 된다.

자신에게 붙은 꼬리표를 떼고 긍정적으로 자신을 바라볼 때 복종과 자주의 충돌은 해결된다. 자주적 의지가 가져오는 이득이 크다. 자신을 휘두르려고 하는 다른 사람의 영향력을 거부할 수 있다. 일관된 자세를 유지하며 굳건한 신념을 가지고 변화를 이끌어 가자. 믿음으로 자신을 지탱하고 나아진다고 믿으면 외부의 목소리에 연연하지 않게 된다. 오늘 내딛는 변화의 한 걸음이 양적 변화에서 질적 변화로 가는 과정임을 기억하라.

좋은 사람이라는 가면을 벗어라

저는 25세 여성입니다. 남을 위해 봉사하지 않으면 제가 나쁜 사람이 되는 것 같습니다. 항상 상대방에게 베풀어야 한다고 스스로 다그치지요. 그 사람에게 어떻게 잘해줄까 생각하며 모든 일이 저보다 그를 중심으로 흘러가게 합니다. 그렇게 해야 마음이 놓여요. 제가 좋은 사람이 되는 것 같고요. 하지만 제 진심은 아닙니다. 의식적으로 그렇게 하니까요.

일단 누군가와 연결되면 좋든 싫든 이를 받아들이고, 계속 연락해야 한다고 생각하며 한순간도 끊을 수 없습니다. 관계를 중요하게 여기므로 제 의중에는 신경 쓰지 않습니다. 제가 낮아지고 양보해야 관계가 유지된다고 생각하기 때문이지요. 하지만 이제는 제가 감당하기에 벅찹니다. 관계에서 쌓이는 스트레스를 풀지 못해 답답함을 느끼고 있습니다. 어떻게 하면 이런 전형적인 좋은 사람의 가면을 벗을 수 있을까요?

늘 남을 중요하게 여기는 것은 병이다

사례 속의 내담자를 보면 몇 가지 감정선이 보인다.

첫째, 두려움이다. 이 내담자는 자기가 만든 두려움에 휩싸여 있다. 세상이 자신을 외면할 거라는 두려움과 다른 사람과 맺어온 관계가 언제 끊어질지 모른다는 공포가 그것이다. 자신이 잘못하면 상대가 자신을 떠나 혼자 외톨이가 될 거라고 믿는다. 이 두려움이 자신을 옭아매고 있다는 사실을 모르고 있는 것도 문제이다.

둘째, 슬픔이다. 상대를 위한 희생이 기쁘지 않다는 뜻이다. 상대 앞에서는 기쁜 척하지만, 그 이면에는 슬픔과 괴로움이 있다. 자신을 희생해야 다른 사람을 만족시키고 비로소 인정받는다고 확신한다. 그로 인해 혼자만의 시간에는 매우 슬프고 억울하고 고통스러운 감정에 휩싸인다. 장담컨대 억지로 감행한 희생에는 기쁨과 만족이 따르지 않는다. 자신이 무조건 베풀어야 관계가 이어지고 기회를 얻는다는 믿음을 버려라.

셋째, 낙담이다. 자기 의지대로 인간관계를 조절할 수 없다는 무력감이다. 무엇을 하든지 상대에게 맞춰주니 자신이 원하는 대로

전형적인 좋은 사람의 심리는 아주 간단하다.
자신이 상대방을 위해 모든 것을 바쳤으니
상대방도 나를 책임져야 한다는 마음이다.
그래서 전형적인 좋은 사람은 못 하는 게 없는 완벽한 대상을 찾는다.

관계를 이어갈 수 없다. 상대가 자신을 대하는 방식도 바꿀 수 없다. 물건은 자기 마음대로 조종할 수 있지만, 관계나 상대의 감정, 시각과 태도는 통제하지 못한다. 이를 깨닫는 순간 우울해진다.

넷째, 애석함이다. 내담자가 처한 환경이 매우 안타깝다. 혼자서만 관계 맺기를 위해 환심을 사려고 상대의 눈치를 살피며 일거수일투족을 신경 쓴다. 하지만 상대는 모두 이기적이고 개인적이어서 이를 알면서도 전혀 개의치 않고 배려도 하지 않는다. 그런데도 내담자는 포기하지 않고 자신을 불쌍하게 만들고 있다.

이런 유형의 사람들은 문제의 고민 해결을 위해 진솔하게 말해주면 현재 자신의 상황이 그렇다고 수긍하면서도 받아들이기 힘들어한다. 마음이 투명 유리 같은 맑은 사람들이라 더 쉽게 상처를 입으니 아주 조심스럽게 대해야 한다. 최선을 다해 관계를 유지하려는 마음을 헤아리고 위로와 조언을 함께 건네야만 자신을 돌아본다.

누구도 만족시킬 수 없다

전형적인 좋은 사람이란 어떤 사람인가. '좋은 사람'의 이미지는 어떻게 형성되는지 짚어보자. 누구에게든 베풀기만 하면 좋은 관계를 맺을 수 있다고 믿는 사람들이 있다. 상대가 무엇을 원하든 개의치 않고 어떻게든 상대를 만족시키고자 한다. 한없이 베풀며 상대방의 요구사항을 들어주려고 한다. 꼭 물리적인 것뿐만 아니라 정서, 감정, 시간 등 그 범위도 다양하고 넓다. 하지만 이런 신념은 상호작용이 아니라 자신의 성취감을 위해 무엇이든 다하는 나르시시즘으로부터 비롯된다.

엄마가 갓난아기에게 베푸는 것은 기본적인 생리적 욕구만 충족시켜주면 된다. 아기가 울거나 보채는 것으로 신호를 보내면 적극적으로 반응해 요구를 들어준다. 책을 읽어주거나 이야기를 들어주는 것만으로도 아이는 행복해할 수 있다. 그러나 세 살이 넘어서서 자기 주관이 생기면 필요한 것은 이뿐만이 아니다. 막무가내로 사달라고 떼를 쓰거나 하지 말라는 일을 고집스럽게 하려고 한다. 이를 제지하면 아이는 좌절감을 느낀다. 부모의 관점에서는 아이가 안전한 환경에서 생활하고 바르게 성장하도록 돕는 교육의 일환이다. 이것이 '좋은 부모'의 역할이라고 생각한다. 그러나 아이의 관점에서는 절대 좋은 부모가 아니다. 자신의 욕구를 방해하는 인물이다. 불만의 화살이 그대로 부모에게 꽂힌다. 눈초리나 행동으로 이 불만을 표시하는 것이다.

이런 경우 부모는 반드시 자신을 좋은 엄마라고 믿어야 한다. 아이를 위해 최선을 다했으며 아이의 투정은 아직 어리고 철이 없어서 표출된 것이라고 생각한다. 그래야 자기 신념을 가지고 아이를 대할 수 있다. 좋은 부모의 이미지를 유지하면서 나르시시즘에 손상을 입지 않는 방법이다.

상대에게 잘해준다는 의미를 잘못 해석하면 안 된다. 나르시시즘이 강하게 작용하는 상태에서 잘해주는 접근은 관계를 더욱 어렵게 만든다. 상대가 조금이라도 마음에 들지 않거나 좌절감이나 불쾌감을 느끼면 자신의 나르시시즘이 깨지기 때문이다. 그로 인해 갈등이 증폭되고 유대감은 깨진다. 관계에서는 상대의 감정이나 필요를 부인해서는 안 된다는 점을 기억해야 한다. 누구도 상대를 진정으로 만족시킬 수 없다. 그럼에도 항상 상대방을 바라보고 있다면 나르시시즘적 독선이다.

단편적으로 자아 가치를 인정한다는 것

자신의 가치는 스스로 인정해야 한다. 자신이 다른 사람에게 도움이 되는 사람이라는 자부심이 있어야 그 영향력을 펼칠 수 있다. 자신이 사랑받을 가치가 있거나 다른 사람의 호의를 받을 가치가 있음을 자각하자. 자신이 특별해서가 아니라 누군가에게는 중요한 사람이고 도움을 주고받는 존재이다.

내담자는 자아 가치의 한쪽 면만 주시했다. 자신이 다른 사람에게 필요한 것을 제공할 수 있고 베풀 수 있다는 사실만 자각한다.

누군가 자신을 필요로 할 때를 자아 가치의 기준으로 삼아 이에 전전긍긍한다. 만약 상대가 배려를 원하지 않거나 거절한다면 그녀의 자아 가치는 어떻게 될까? 누군가와 친구 관계를 맺고 싶은데 상대가 단순히 아는 사람 그 이상을 원하지 않는다면 상실감은 어떻게 보완해야 하는가. 이를 추스르지 못하면 자괴감에 빠진다. 자기 존재 자체를 부정하고 혼자만의 세계로 움츠려든다.

이런 사람에게 누군가 잘해주거나 베풀어주면 그 희생과 선물에는 어떻게 반응할까? 그들은 바쁜 시간을 할애해 함께 있어 주거나 받은 선물을 거부하지 못하지만, 자아를 유지하거나 자존감을 얻지 못해 만족도는 떨어진다. 오히려 삶의 지향점을 잃은 것처럼 허전해한다. 항상 주는 자리에 있던 자아를 박탈당했다고 여기는 것이다. 상대의 욕구가 자기 영향력을 넘어서도 자신의 가치를 잃어버렸다고 낙담하게 된다.

비위를 맞추는 것은 사랑이 아니다

사람은 서로 감정으로 통한다. 타인에게 사랑받고 사랑하는 것과 타인에게 미움을 받고 미워하는 감정도 포함된다. 인간관계 형성과 상호작용은 감정을 타고 흐르는데 이런 감정에는 패턴이 있는데 '대립'과 '협력'의 문양이다.

왕은 환관의 시중을 받는다. 환관은 사랑이라는 감정으로 왕의 필요를 충족시킬까? 누구나 알다시피 아니다. 이를 소홀히 하면 처형당한다는 사실을 알기 때문이다. 왕과 환관의 상호 관계는 유쾌한 합작 같지만, 실상은 두려움과 복종의 관계일 뿐이다. 그 이면에는 증오심도 숨기고 있을지 모른다. 역사에는 왕의 통치를 뒤집으려는 환관도 있었으니 그들이 존경과 애정을 가지고 왕을 보위했다고 단언할 수 없다. 오히려 왕과 환관은 상대방을 장악하려는 대립적 관계였다. 환관은 왕의 의중을 간파하고 욕구를 충족시켜주면서 환심을 사려 했을 뿐이다.

누군가와 친해지고 싶을 때나 관심을 보이고 싶을 때 사람들은 상대의 비위를 맞추며 환심을 사려 한다. 그러나 냉정하게 말하면 단기적으로는 가능하나 장기적 관계에서는 불가능한 일이다. 설령 장기간 유지된다고 하더라도 대립 관계로 변질될 수 있다. 계속되는 비위 맞춤에 상대방을 탓하는 마음이 들고 분노와 두려움이 생긴다. 자신이 원하는 사랑으로 절대 변하지 않는다. 이것이 문제의 핵심이다.

어둠과 두려움이 가득한 세상

세계관은 세상을 보는 관점이다. 자신이 세운 기준(세계관)에 따라 가치를 평가하고 접근한다. 누군가에게 항상 베풀거나 잘해주는 것으로 좋은 관계를 유지하는 게 최선이라고 믿으면 그대로 행동하게 된다. 하지만 이런 일방적인 관계는 지칠 수 있으며 자신에게 끊임없이 요구하는 상대를 '미워하는 단계까지 이른다.

그런데 이런 문제적 세계관이 형성되는 것은 자신이 주위 모든 사람에게 베풀면서 그들의 요구사항을 수용했기 때문이다. 그럼에도 사람들이 모두 이기적이고 엄격하며, 까다롭게 자신을 착취한다고 생각한다. 비뚤어진 세계관은 자신을 갉아먹는 좀과 같다. 자신이 베풀어야만 좋은 사람이 될 수 있고 베풀지 않으면 비난받는다는 염려를 퍼트린다. 자기중심적 사고와 상대에 대한 초조함을 일으키며 관계를 조마조마하게 만드는 것이다.

자신이 감당하지 못할 세계관을 설정해두고 무력감에 빠져서는 안 된다. 삶이 피곤하고 대인관계가 어려워진다. 그들은 상대에게 제공할 자원은 한정되어 있고 아무리 희생하고 노력하더라도 주위의 필요와 요구를 절대로 만족시킬 수 없다.

주변 사람들이 모두 나쁘고 이기적이며 이용하려고만 한다고 여겨지면 먼저 자신을 돌아보자. 분명 그들이 원하기보다 자신이 먼저 나서서 베풀다가 제풀에 꺾인 건 아닌지 살펴야 한다. 베풀기만 하는 세계관을 지녔다면 빨리 수정하자. 세상을 배척하는 동기가 되고 따뜻함이나 격려 또는 우정을 스스로 밀어내는 동기가 될 뿐이다. 그런 세계관이 유지된다면 자기 인생에는 어둠과 두려움만이 가득하다.

죄책감을 느끼는 것, 통제와 환심을 사는 방식의 투사적 인정

투사적 인정은 타인과 관계를 맺을 때 방어기제로 이용된다. 무의식적 관계에서 어느 한쪽이 정해놓은 방식에 맞추며 자신을 보호하는 것이다. 그런데 자기 스스로 이를 눈치채지 못한다. 어떠한 관계에서 한쪽이 다른 쪽을 '유인'한 결과인데 어떤 방식으로 접근할지는 '유인'하는 사람의 의도와 목적에 달려 있다.

사례 속의 내담자는 환심을 사는 투사적 인정 방식으로 자신을 보호한다. '내가 너에게 잘해줬으니 너도 나에게 잘해줘야 해. 그렇지 않으면 너는 나쁜 사람이야.'라는 보이지 않는 단서가 붙어 있다. 상대방이 죄책감을 느끼도록 조건을 내건 셈이다. 잘해준 만큼 인정받고 되돌려 받으려는 심리는 상대에게 부담을 주며 이에 따르지 않으면 미안해하도록 유도한다. 죄책감과 미안함, 고마움으로 관계를 통제하는 것이다. 이에 상대는 좋은 것을 얻지만 충분히 잘해주지 못해 불편하다. 자신에게 죄책감을 안기는 이 관계가 부담스러워진다. '이렇게 잘해주는데 떠나려 하다니.', '이렇게 잘해주는데 불편해하는 것은 미안한 일이야.', '호의를 받아들이지 못하다니 나는 정말 한심한 사람이군.'이라고 하면서 자기를 반성한다.

따라서 환심을 사는 투사적 인정은 관계를 얽히고설키게 만들어 결과적으로 모두 우울해진다. 당사자는 많은 걸 할애하고 베풀었는데 진심으로 받아들이지 않은 것이 억울하다. 상대는 자신이 원하지 않았던 환심이 부담스럽다. 그런데도 거부하지 못하고 불편한 심정을 솔직하게 표현하지 못하는 자신에게 화가 난다. 관계를 끝내고 싶어도 상처를 줄 것 같아서 말도 못 꺼낸다. 그저 조심스럽게 대하며 거리를 유지할 수밖에 없다. 호의를 받고 싶지 않은데 떠날 수 없어 불편한 관계를 유지하는 것이다.

전형적인 좋은 사람에 대한 정리

결론적으로 '전형적인 좋은 사람'은 다른 사람에게 의존해야 생존한다. 마치 아기를 돌보는 좋은 엄마의 역할을 맡은 것처럼 남을 대하고 남들도 자신을 그렇게 대해주길 원한다. 이런 유형의 사람들을 분석해보자.

먼저, 태어났을 때부터 부모의 환영을 받지 못했을 가능성이 크다. 태어났을 때 부모가 달아준 꼬리표는 '반길 수 없는 아이', '우리에게 부담을 주는 아이'였을 수 있다. 그로 인해 아기 때부터 자기 가치의 핵심을 박탈당했다. 스스로 환영받지 못하는 사람이라고 여기면서 남들에게 폐를 끼치기 위해 세상에 왔다고 생각한다.

이런 죄의식은 성장하면서 자기 책임의 영역을 확대해 나간다. 부모가 나쁜 메시지를 전한다 해도 이를 감당한다. '네가 태어나서 우리에게 많은 문제가 생겼어.', '우리가 이렇게 힘든 것은 모두 너 때문이야.', '너는 이 빚을 꼭 갚아줘야 해.', '은혜를 모르면 너는 나쁘고 이기적인 사람이야.'라는 암묵적 의중을 알아채고 순종한다. 실수하거나 부모가 져야 할 책임을 자신이 떠맡을 때도 자기 잘못이라고 탓한다. 어릴 때부터 학습된 심리로 부모의 눈치를 보며 환심을 사려 한다.

이렇게 과도한 자기 부담은 두려움에서 비롯되었다. 자신이 상대의 필요를 채워주지 못하면 인정받지 못하고 안정된 생활이 보장되지 않는다는 공포 심리이다. 하지만 이를 거부하지 못하고 수용하는 자신을 한심스럽게도 느낀다. 경험과 사고가 확장될수록 이런 자의식은 커지는데 끝까지 표출하지는 못한다. 대신 끝없이 요구하는 상대에게 분노를 쌓는다.

상대에게 화가 폭발하기도 한다. "나 좀 쉬게 해주면 안 되니? 너는 지금 내가 힘들어 죽는 게 안 보이니?" 이러한 평소와 다른 반응에 상대 또한 자신은 나쁜 사람이고 관계가 끝날 수도 있다는 메시지를 받는다. 수치심까지 느낄 수 있다. 이 수치심은 '나는 다른 사람에게 좋을 것도 없고 해로운 짓만 한다.', '나는 나쁜 사람이고 거추장스럽고, 부담스러운 사람이다.'라는 자기 비하를 불러온다.

이 여성 내담자도 다른 사람의 도움이 필요할 때 수치심을 느꼈다. 또한, 자신의 요구를 거절당하면 다른 사람에게 상처를 입혔다는 죄책감에 시달린다. 이런 상황을 피하고자 끊임없이 남에게 베풀고 환심을 사려 한 것이다. 그러면서 자신은 상대에게 어떠한 요구도 하지 않고 선물은 거부했다. 이렇게 해야만 수치심과 죄책감에서 멀어지고 '전형적인 좋은 사람'을 유지할 수 있는 것이다.

전형적인 좋은 사람이라는 가면을 쓰면 그에게 사람들은 모두 차갑고 이기적으로 보인다. 자신에게 잘해주지 않고 더 많은 책임을 지운다고 느낀다. 자신이 가진 것을 빼앗고 아픔과 고통을 안겨준다고 믿는다. 이처럼 자신의 선한 의도만 생각할 뿐 상대의 관점에서 어떻게 받아들이고 어떤 부담이 생기는지는 바라보지 못하는 것이다.

전형적인 좋은 사람은 '자기만족'을 위해 이기적인 생각을 남에게 '투사'한다. 상대를 이기적이고 엄격하고 까다로운 사람으로 만들어야 자신이 좋은 사람의 상태가 유지되기 때문이다. 그리고 주위의 모든 인간관계에서 자신은 그저 베푸는 사람이라고 자화자찬한다.

전형적인 좋은 사람의 심리는 아주 간단하다. 자신이 상대방을 위해 모든 것을 바쳤으니 상대방도 나를 책임져야 한다는 마음이다. 그래서 전형적인 좋은 사람은 못 하는 게 없는 완벽한 대상을 찾는다.

만약 상대가 부족하다면 자신이 그의 엄마가 된다. 상대는 엄마가 돌봐주는 아기의 역할을 맡으며 완벽한 조화를 꿈꾼다. 일방적으로 베풀면서 상대를 자기 마음대로 휘두르려고 한다. 그런데 만약 상대가 자신을 만족시켜주면, 그에게 완벽한 엄마 역할을 맡긴다. 그리고 자신의 모든 희로애락에 신경을 쓰라고 한다. 상대가 이를 거부하면 나쁜 사람이고 나쁜 엄마로 간주한다.

또한 전형적인 좋은 사람은 남들과 진실한 관계를 맺지 못한다. 주는 자와 받는 자라는 통제적인 관계만 맺는다. 종국에는 서로 대립하게 되는데 억울함과 증오, 달갑지 않은 마음과 불평, 슬픔과 두려움만 가득해진다.

어떻게 '전형적인 좋은 사람'의 가면을 벗을 수 있을까

그렇다면 이제 전형적인 좋은 사람의 가면을 벗어보자.

첫째, 바깥으로 나가 세상을 보라. 세상은 생각만큼 무섭지 않다. 주위 사람들도 그다지 도움을 바라지 않는다. 자기 문제는 스스로 처리하며 자주적 신념으로 생활한다. 관계가 이어지면 분명 무엇인가를 요구할 것이라는 생각을 버려라. 나의 독선적인 생각일 뿐이다. 서로에게 부담된다는 사실을 알기에 누구든지 조심한다.

둘째, 다른 사람에게 선물을 받아보라. 다른 사람이 선물을 준다면 기쁘게 받자. 받는 과정에서 미안함을 느낄 수도 있지만 그런 감정에 담담하게 마주해야 한다. 고맙게 받으면서 어떤 행동을 취할 필요가 없다. 더 귀한 선물로 답해야겠다는 생각 자체가 서로를 이용하는 관계로 바뀔 수 있다. 자신이 이용당한다든가 상대방을 이용하는 관계 말이다. 그렇게 되면 진정한 관계는 깨진다.

셋째, 자신에게 잘해주라. 자신이 가진 것을 보호하고 아껴야 한다. 물질적인 부분이 많더라도 의미 없이 남들에게 나눠주어서는 안 된다. 선의라 할지라도 나중에는 베풂을 멈추게 한다. 또한, 베풀 때는 억지로 하거나 원한이나 두려움을 갖고 해서는 안 된다. 서로가 만족스러운 방식으로 나눠야 상호작용을 끌어낼 수 있다.

넷째, 자신을 받아들여라. 자신이 가치 있다는 사실을 믿자. 사랑받을 만하다고 스스로 인정해야 한다. '나는 거추장스러운 존재라 다른 사람에게 상처를 입혀요.'라는 관념은 반드시 깨야 한다. 그러기 위해 자신의 필요를 채워줄 필요가 있다. 맛있는 음식이 먹고 싶으면 아무런 고민 없이 그 음식을 먹고, 옷을 사고 싶으면 사서 자신에게 선물한다. 비싼 음식을 먹으며 부담스러워하지 말고 먹는 즐거운 과정을 음미해라.

자신의 필요가 충족되면 행복을 경험할 수 있다. 그로 인해 언제든지 자신의 요구가 먼저 충족되어야 다른 사람에게도 너그러워진다는 사실을 깨닫는다. 주위 사람이 모두 이기적이어서 누구 하나 자신에게 무관심해도 신경 쓰지 말자. 스스로 만족시킬 수 있다면 그것이 최선이다.

다섯째, 다른 사람을 믿자. 다른 사람의 요구를 거절해보자. 거절이 두려울 수 있다. 등을 돌릴 것 같고 떠날까 봐 걱정도 된다. 그러나 이는 내 감정일 뿐이다. 부탁하는 상대도 요구를 들어주기 어렵다는 사실을 안다. 그러므로 정중히 거절하면 관계는 무너지지 않는다.

모든 사람은 바쁘고 자신만의 세계가 있다. 다른 사람과 관계를 맺었더라도 자신만의 생활이 있고 그에 따른 합당한 방식도 가지고 있다. 그러므로 부당하거나 부담스러운 요구라면 거절하고 상대방이 어떤 반응을 보이는지 지켜보자. 모든 부탁에 길이 하나만 있는 것은 아니다. 최선책, 차선책 등 여러 방법이 있다. 그러므로 부탁을 내가 꼭 들어줘야 한다는 생각은 말자. 일단 상대에게 문제 해결 능력이 있다고 믿는다.

여섯째, 모든 것을 감당하려는 자신의 나르시시즘을 깨라. 전형적인 좋은 사람이라는 가면을 벗자. 자신이 모든 것을 할 수 있다는 믿음은 나르시시즘에서 나온다. 이 가면을 깨려면 자신이 평범한 사람이라고 인식해야 한다. '나도 이기심이 필요해.', '내가 하지 못하는 일도 있어.'라고 자기를 인정해야 한다. 모든 것을 할 수 있다는 나르시시즘을 부수면 진솔하고 진실해진다. 올바른 자기 인식하에서 상호작용을 경험해야 진정한 인간관계를 경험할 수 있다.

항상 남에게 베푸는 것은 오히려 관계에 독이 된다. 이렇게 맺어진 관계는 한쪽에서 일방적으로 통제하게 되어 있다. 합리적인 관계가 아니라는 말이다. 친구가 옆에 있어 주면 좋겠다는 마음이 들 때 "나랑 함께 있어 줘. 혼자 있기 싫어."라고 말할 수 있다. 당신은 먼저 요구를 표현한 뒤 상대의 반응에 따라 행동하면 된다. 먼저 상대를 걱정하면서 '지금 바쁘니까 같이 있지 못하겠지.'라는 생각은 쓸데없는 노파심이다. 이런 생각이 자신을 위축되게 만든다. 선택은 상대의 몫이니 진실한 마음을 상대에게 표현만 하면 된다.

나르시시즘을 깨자. 전형적인 좋은 사람의 가면을 벗고 진정한 인간관계를 경험해야 깊이 연결될 수 있다. 진심 어린 교감이 이루어지지 않으면 아무리 좋은 사람의 가면을 쓰고 있어도 자신의 세계는 텅 비어버린다.

PART 3

가까운 사람과 친밀감 유지하기

가까운 친구나 배우자, 형제자매에게 자신을 보여주기는 매우 쉽다. 잘 호응해주고 받아준다면 자기주장대로 상대를 휘두른다. 만약 상대가 나보다 강한 사람이라면 고분고분 말을 잘 듣는 아이가 되어준다. 이러한 관계는 문제없어 보이지만 언제 끊어질지 모르는 불안이 숨어 있다. 가까운 사이일수록 인정과 신뢰, 존중이 답이다.

사람과 사람 사이엔
교류가 흘러야 한다

저는 결혼 후 아이를 한 명 두고 있으며, IT업계에서 제품 설계 업무에 종사하고 있습니다. 저는 어릴 때부터 끊임없이 부모로부터 부정당해 왔습니다. 지금까지 한 번도 부모를 만족시킨 적이 없다고 느낍니다. 학교 성적은 중위권이었고 무엇 하나 특별히 잘하는 것이 없습니다.

지금의 제 인생은 좋지도 않고 나쁘지도 않은 것 같습니다. 회사 일을 하거나 집안일을 할 때 집중을 잘하지 못해요. 몰입 시간이 아주 짧은 편입니다. 그리고 뭔가 몰입해서 어떠한 일을 하고 나면 반드시 오랫동안 휴식을 취해야 하고요. 그래야만 다시 일에 대한 열정이 되살아납니다. 제가 아주 좋아해서 열중하는 일이라도 그렇습니다. 이처럼 기초적인 일만 하고 있으니 스스로 승진하기 어렵다고 생각합니다. 엄마 말에 의하면 저희 외할아버지도 그렇고, 삼촌도 그렇고, 모두 큰 성과를 내지 못했다고 합니다. 그래서인지 엄마는 자꾸 저에게 변해야 한다고 조언합니다. 저도 제 자신을 변화시키고 싶은데 쉽게 안 되더라고요. 이런 저도 열정을 키우고 어떤 일에 성과를 낼 수 있을까요?

좋지도 나쁘지도 않은 상태를 유지하는 것이 주는 즐거움

사례 속의 내담자를 자세히 들여다보면 자신에 대한 강한 부정이 담겨 있다. 어렸을 적 부모로부터 받은 부정에서 아직도 벗어나지 못하고 있다. 그래서 가혹과 책망을 자신의 내면 일부로 받아들여 무기력하고 일에 대한 의욕이 없다. 집안 내력으로 외할아버지나 삼촌까지 그랬으니 자신도 그럴 수밖에 없다고 여긴다. 변하고 싶지만 분명한 한계가 있고 역부족이라는 것이다. 이로 인해 내면에는 불만이 쌓여 있다. 이도 저도 안 되는 자기 인생이 슬픈 것이다. 자신을 책망하고 다그치고 '그 무엇도 할 수 없는 무능한 사람'이라고 가혹하게 대한다. 하지만 한편으로는 현재 좋지도 나쁘지도 않은 상태를 타파하고 싶어 한다. 이는 성장하고 싶은 동력을 갖고 있다는 증거이다.

저명한 정신분석학자 카렌 호나이Karen Horney는 진정으로 성장하려면 자신을 성찰하고 담담하게 받아들이는 동시에 더 높은 것을 추구해야 한다고 했다. 바꿔 말하면 자신을 성찰하고 담담하게 받아들이면 진정한 성장을 이룰 수 있다는 의미이다. 진정한 성장의 세 가지 측면을 살펴보자.

첫째, 안전하다는 느낌이다. 엄격한 엄마는 아이 행동을 자꾸 지적한다. 이런 점이 나쁘고, 저런 점도 나쁘다고 한다. 아이는 덜 혼나기 위해 가능한 어떤 성취도 어떤 실수도 하지 않으려 한다. 시험에서 만점을 받으면 엄마가 자신에게 큰 기대를 할 것이므로 스트레스를 받을 수 있다. 60~70점을 받으면 엄마가 실망해 혼낼 수도 있기 때문에 80점 정도 받는 것이 가장 적당한 점수라고 판단한다. 성장한 뒤에도 중간의 상태를 유지해야 가장 안전한 것임을 안다. 승진은 못 해도 해고당하지 않는다. 눈에 띄지 않아 잘못을 지적당할 일도 거의 없는 상태에 머문다. 사회생활에서 안전하고 든든한 느낌을 원한다면 이를 가장 적절한 방식이라 생각한다.

둘째, 가정에서 완전히 공감을 얻는다. 가족 모두 성향이 비슷하다면 가정 내에서 공감을 얻고 소속감을 느낀다. 아이의 생김새, 행동방식, 특기가 부모를 닮으면 자랑스러워하며 칭찬한다. 이렇게 성장한 아이들은 가정에서 자연스럽게 소속감을 느끼고 가족 구성원과 연결된다. 반면 고집스럽고 독불장군인 아이는 가족 구성원들과 어울릴 때 여러 가지 충돌을 빚는다. 이른바 '모난

돌이 정 맞는다'라는 것은 다른 사람의 질투나 불균형을 낳을 수 있다는 뜻이다. 따라서 안정권에서 사는 모습은 가족 구성원과 공감하면서 더불어 감정을 나누는 삶이다.

셋째, 부모와 깊은 공감대가 형성된다. 부모에 대한 깊은 공감대는 두 가지 유형으로 나뉜다. 하나는 그들과 비슷한 성향이 되는 것이며 다른 하나는 그들이 가장 싫어하는 사람이 되는 것이다. 반항아는 후자에 속하지만 이 또한 깊이 있는 공감대가 마련되었기에 가능하다.

반항적 기질은 내면에 흥미로운 동기를 유발한다. 부모의 트집이나 비난에 정반대의 방법을 쓰는 방식으로 분노를 표출하고 그들을 공격한다. 예를 들어 매사에 빨리하라고 조바심을 내는 부모 밑에서는 오히려 동작이 느려져 신발 끈 묶는 것, 밥을 먹는 것, 글씨를 쓰는 것 등이 점점 느려질 수 있다. 엄마에 대한 반항이라기보다 자신을 보호하려는 수동적 선택이다. 이렇듯 사람의 무의식에는 공격과 분노에 대한 표현이 잠재돼 있다.

자아 쇠약

안정적 상태는 무의식적 동기에서 나온다. 이익을 얻기 위해 손해는 피해야 하듯 인간의 본능은 안정된 상태로 이끈다. 좋지도 나쁘지도 않은 상태를 선택하므로 어떤 악조건에서도 가장 최상의 조건을 취할 수 있다.

엄격한 엄마는 안정적 상태에 있는 아이에게 다그친다. "좀 더!"라고 소리치며 자기 기대에 부응해주기를 바란다. 이런 엄마의 기대는 아이의 실제 상황에 근거를 두지 않는다. 단지 자신이 세운 이상이나 상상해낸 목표를 요구한다. 이 기준에 아이가 무조건 부합하기를 원한다. 아이는 높은 요구를 받으면 반항심이 싹튼다. 자신이 영위하던 안정적인 상태가 깨진다는 두려움 때문이다. 또한, 자신이 감당할 수 없는 엄마의 이상적 요구라는 사실을 객관적으로 아는 까닭이다. 이에 아이는 "엄마의 요구를 들어줄 능력도 없고, 들어줄 생각도 없습니다."라고 호소한다. 순하게 말하더라도 엄마를 공격하는 것이다.

그럴 땐 엄마가 아이 마음을 알아채고 대화로 풀어야 한다. 그러나 엄마는 아이 의견을 묵살하고 공격받았다는 사실에 더 크게 분노한다. 이로 인해 아이와 엄마 사이에 화해하지 못하는 지점이 발생하게 되는 것이다. 혼내고 채근하는 엄마를 대하는 아이에게는 반항 심리가 생길 수밖에 없다. 아이 심리에 공감하지 못하는 한 반항심은 커지고 걷잡을 수 없게 된다. 자신이 원하는 대로 발전하고 싶은 욕구와 엄마의 도구가 되지 않겠다는 의지의 집약적 표현이다.

아이는 엄마와 '전쟁'을 치른다. 자신을 가혹하게 대하고 혼내는 엄마가 내재화되어 이제는 차라리 인정받길 원한다. 하지만 뜻대로 되지 않는다. 독하게 다그치는 엄마의 요구를 들어주지 못하면 필연적으로 갈등이 발생하는 걸 알기에 초조하고 불안한 삶을 산다. 엄마의 행동이 옳지 않고 원하는 대로 들어줄 수도 없으므로 어떤 식으로든 맞대응하는 것이다. 그렇게 '전쟁'이 발발한다. 전쟁(다툼)은 서로의 감정과 가치관과 얽혀 일어난다. 요구에 대한 반감이자 행동에 대한 불신이다. 자신이 진정으로 무엇을 원하는지, 어떤 사람인지 확신할 기회가 되지 못한다.

사례의 내담자는 순종적으로 엄마의 말을 수용한다. 모두 옳다고 생각하고 반기를 들지 않는 것처럼 보인다. 하지만 이것은 깊은 차원의 자기 보호이다. 엄마의 눈높이에 맞출 수 없는 자신을 알고 그 앞에서라도 기대에 부응하고자 하는 것이다. 이런 자신을 알기에 엄마와 깊은 연결을 맺으려 문제를 상담받고 해답을 찾으려 하는 것이다.

가족과 유착 관계가 돈독한 사람은 부모를 떠나려 하지 않는다. 이들을 이성적으로 분석하면 대체로 까다롭고 제대로 된 사람을 찾지 못한 결과에서 비롯된 경우가 많다. 가족의 동력 측면에서 보면 그들이 부모를 돌보는 책임을 지고 싶어 하기 때문이다. 만약 부모에게서 독립하지 못하는 사람이 있다면 물어보자. 가족 중

누군가를 배려하기 위함인지 말이다.

성장하기 위해서는 자신을 성찰하며, 의식적 측면과 무의식적 측면에서의 동기를 찾아야 한다. 우리의 움직임에는 반드시 동기가 있다. 그 어떤 동기라도 자신의 상태를 부정하지 말자. 이 상태의 돌파를 원할 때도 현재를 인정하는 것에서부터 시작해야 한다. 긍정적으로 현재를 수용하며 미래를 바라보자. 마음에 안정이 최우선이다.

안전권에서 벗어나야 인생이 바뀐다

우리는 자유와 성장을 갈망한다. 하지만 자유와 성장은 그 크기만큼 대가를 치뤄야 얻어진다. 여기에는 용기와 자신감, 노력이 필요하다. 안전을 추구하면서 자유와 성장을 바랄 수는 없다. 위험이 제거된 집안에 머무르는 게 가장 안전하겠지만 밖으로 나가 사나운 짐승이나 눈보라를 직면해야 한다. 안정권 밖 도전의 선택에는 나가야 하는 필연적 이유가 있으므로 어찌보면 수동적인 선택이라 할 수 있다. 강력한 자기 의지라면 그만한 동기와 열정, 용기와 결심이 필요하다.

성장에는 반드시 동기나 동력이 있어야 한다. 자신이 어떤 사람이 되고 싶은지 명확할 때 의욕이 생긴다. 성장하고 싶은지 아니면 안정권 안에서 편안하게 살고 싶은지 자기 자신과 얘기해보자. 자신의 성장이 불가능해보이기도 하고 학창시절 친구와 비교되는 성적표를 받아든 것처럼 절망스럽다. 좌절감을 느끼거나 질투, 상실, 낙담은 물론 보이지 않는 가능성에 주저앉기도 한다. 나중에는 왜 성공해야 하는지 반문하기도 한다. 언제나 장벽은 높고 어려움은 크다. 겁내지 말고 변화를 꿈꾸는 동기가 무엇인지 확인하자. 더 나은 모습을 원해서인지, 아니면 남들이 부러워하고 좋아하는 사람이 되기 위해서인지 분명해야 한다. 맹목적인 성공을 이상으로 그려서는 안 된다. 추종하는 인물을 무조건 따라 해서도 안 된다. 누구나 자신만의 길이 있다.

자신을 변화시키기 위한 조건을 다시 짚어보자. 자신이 잘하는 것이면 좋은 것이고 잘못하면 나쁘다는 인식이 은연중에 들지만 이런 사고가 자신의 현재 상태를 명확하게 볼 수 있도록 돕는다. 그리고 자신이 변해야 하는 동기에 적용해 어느 부분에서 유익이 되는지 분석할 수 있다. 이때 이익과 손해라는 이분법적 사고로 접근하지 말고 미래를 기준으로 변화한 뒤의 모습을 고민해봐야 한다. 예를 들어 어떤 사람이 달리기로 체력을 키우려 한다고 가정해보자. 매일 8km를 달리는 사람을 보고 부러워 자신도 매일 8km를 달리는 목표를 정한다. 그러나 그에게는 처음부터 8km

를 뛸 능력이 없다. 이 경우 가능한 낮은 목표를 설정해야 한다. 조금만 노력해도 달성할 수 있고 만족감을 얻을 수 있는 목표여야 한다. 작은 만족을 얻고 쌓으면 계속 노력할 원동력이 생긴다. 자기 만족은 인생의 필수항목이다.

처음에는 하루에 2km 정도 달리는 목표 설정이 좋을 것이다. 그 목표를 달성하면 자신에 대한 신뢰가 생긴다. 변화할 수 있다는 자신감은 덤이다. 그 뒤에 한 단계 올라간 목표를 세우자. 일주일 뒤에는 매일 3km, 다음 일주일 뒤에는 4km를 설정하는 식이다. 점진적으로 상승하는 과정에서 자신이 새롭게 발견된다. 자신이 무능하고 어떤 것에도 몰입하지 못한다고 생각했던 인식이 집념으로 바뀌고 쌓여가는 성취감에 서서히 상쇄된다. 최종적으로 8km를 달리게 되는 시점까지 버티고 나면, 자신이 얼마나 끈기 있는 사람인지 알게 된다. 더불어 자신감도 높아진다.

자신의 한계와 능력을 진정으로 깨달아야 한다. 자신감을 가지고 목표에 집중하면 어느새 겁내던 일에 열중하고 있는 자신을 보게 된다. 주관적인 동기나 동력에 의해 움직이면 자신이 하는 일을 즐기게 된다. 그로 인해 만족도는 높아지고 끈기까지 생긴다. 중도 포기하려는 마음이 사라지는 것은 당연하다.

만족과 만족 지연의 두 개념을 아는가. 만족은 본능적인 필요이고 만족 지연은 능력이다. 앞에서 예로 든 8km 달리기는 만족을 지연시키는 훈련이다. 오늘은 물론 일주일 뒤에도 8km를 달성할 수 없지만, 작은 목표부터 차근차근 진행해 가면 반드시 8km를 달릴 수 있다는 믿음이 만족의 지연을 허용하게 만든다. 몇 개월이 걸리더라도 감수할 의지가 곧 능력이다. 아이러니하게도 실패할 때마다 만족 지연의 능력은 날로 강해진다.

어떤 일을 시도하고 있다면 만족을 지연시켜보자. 처음부터 열정적으로 시작하고 얼마 되지 않아 곧 포기하는 일은 없어야 한다. 몰입이 어려우면 그만두게 된다. 만족을 지연시키는 능력이 부족하면 몰입하지 못하게 된다. 만족 지연과 몰입이 쉽지 않지만 불가능하지도 않다. 자신의 목표에 맞추어 훈련하면 누구든 가능하다.

마지막으로 자신에게 실수할 기회를 주자. 어떤 일을 시도할 때 결과가 좋지 않을 수 있다. 실수하고 시행착오를 겪는 일은 다반사이다. 도전에 있어 좌절과 실패는 필수항목처럼 따라붙는다. 이를 받아들일 자세를 가져야 한다. 어떤 목표든 하루아침에 이루어지지 않는다. 모든 과정을 겪어야 더 단단하게 이룰 수 있다.

삶은 자신의 몫이다. 자신이 책임져야 한다. 실패를 이기고 다시 시도할 기회를 충분히 제공하자. 자기가 한 일을 스스로 책임질 때 인생이 바뀐다. 평가받고 남에게 의지하려던 모습에서 벗어나 진정한 자신이 되어야 한다. 이제 보호자는 없다. 스스로 선택하고 미래를 모색하라. 걱정과 두려움을 이기고 미래에 대한 호기심을 가져야 인생이 꿈을 꾼다.

문제점으로 보는
시선을 거두고 인정하라

제 친구는 매사에 부정적입니다. 사소한 일조차도 삐딱한 시선으로 바라봅니다. 대인관계에서도 마찬가지이고요. 일반적인 사건에 대해 얘기를 나눌 때도 부정적인 시각에서 분석하고 음모론을 제기합니다. 자신을 제외한 다른 사람의 동기를 의심하기부터 하지요. 친구의 사고방식을 어떻게 변화할 수 있도록 도와줄 수 있을까요?

나는 엄마를 바꾸지 않았다

사례 속의 내담자는 친구의 사고방식을 바꾸고 싶어 한다. 이 문제를 말하기에 앞서 내가 어떻게 엄마 바꾸기를 포기했는지 이야기해보려고 한다.

우리 엄마는 다른 사람에 비해 비교적 불안이 많은 사람이었다. 엄마가 겪어낸 인간관계와 어린 시절을 포함하여 성장 환경에서 싹튼 불안이다. 사건 사고에 대한 두려움이 있어 언제나 다른 사람이 자신을 다치게 할 것 같다고 생각했다. 자신의 행동으로 불이익을 받을까 늘 걱정하는 것이다. 대신 사람들에게 매우 친절했다. 그러면서도 상대가 호의적으로 잘해주면 '왜 그러지?'라는 의문을 품었다.

이 불안은 나에게도 전해졌다. 성인이 된 스무 살 무렵에도 엄마는 내가 외출할 때마다 "조심해라, 다른 사람에게 속지 마라, 따돌림당하지 말고 괴롭힘도 당해서는 안 된다."라고 신신당부했다. 그때마다 나는 "엄마, 엄마 아들을 괴롭히는 사람은 아무도 없어요. 설령 누가 나를 괴롭힌다고 해도 나는 스스로 보호할 능력이 있어요."라고 대꾸했다. 하지만 엄마는 절대 믿으려 하지 않았다.

나는 항상 엄마가 나를 대하는 방식을 바꾸어주길 바랐다. 아니면 엄마 마음에 있는 나의 이미지를 바꾸고 싶었다. 청소년기부터 나는 엄마를 변화시키려 했다. 하지만 안타깝게도 내 나이가 마흔이 넘었는데도 지금까지 그대로이다. 매번 내가 집을 멀리 떠나 여행을 갈 때마다 밖에서 다른 사람의 속임수에 넘어가지 않도록 조심하라고 당부한다. 안 좋은 뉴스를 보면 혹시 이런 일이 아들에게 벌어지지 않을까 앞서서 걱정한다. 음모론을 믿으며 그대로 세상을 보고 있다. 불안과 상처에 대한 두려움으로 가득 찬 마음은 세상을 향해 자기 보호와 특수 방어 그리고 대적하는 상태에 놓여 있다.

지금 나는 엄마의 세계를 인정한다. 나의 세계와 많이 다르기 때문에 우려하지도 않는다. 우리는 단지 세상을 대하는 방식이 다를 뿐이다. 이 생각을 하면서부터 나는 엄마의 사고를 바꾸려 하지 않는다. 다만 소통할 때는 엄마의 방식으로 한다. 내 생각은 밝히지 않고 엄마가 세상을 이해하는 방식대로 수긍해준다. 그래서일까. 엄마와 나는 대화를 더 잘할 수 있게 되었다. 내가 선택한 최상의 방법으로 말이다.

이제는 엄마의 변화시키고 돕겠다는 생각을 완전히 접었다. 엄마가 무슨 말을 하든지 나는 그저 듣기만 한다. 그렇다고 엄마의 말에 무조건 동의하거나 공감하는 건 아니다. 그냥 '저렇게도 생각하는구나.'라고 참고하는 것이다.

다른 사람을 바꾸는 것이 우리에게 어떤 유익이 있을까

엄마가 슬퍼하면 아이들은 두 가지 반응을 보인다. 하나는 엄마가 즐거우면 좋겠다는 반응이고, 다른 하나는 어떻게 엄마를 도울 수 있을지 고민한다. 엄마가 미래를 걱정하면 네댓 살짜리 남자아이들은 "엄마, 내가 커서 큰 집 사줄게. 엄마를 행복하게 해줄 거야!"라고 말한다. 이 말을 듣고 엄마가 웃으면 아이는 아주 강한 자기 가치와 만족감을 느낀다. 정말로 노력해서 엄마의 인생을 바꿔주고 싶은 욕구도 생긴다. 아이는 자라면서 슬프고 어려운 사람을 만나면 꼭 도와주고 싶어 한다. 그들을 도우면서 느끼는 보람을 아는 것이다.

내담자는 친구가 세상을 비관적으로 보고 부정적인 상태로 지내는 것이 안타까워 발 벗고 나섰다. 친구를 변화시킬 수 있다면 삶이 밝아지고 긍정으로 행복해질 수 있다고 믿는다. 그 바람은 좋지만 결정은 친구의 몫이다. 친구도 어른이고 자기 인생을 책임지려고 노력한다. 본인의 의지가 없다면 백 마디의 조언은 아무 쓸모없다. 우리 엄마처럼 절대 바뀌지 않는다.

진심으로 친구를 바꿔주고 싶다면 먼저 친구의 의중을 알아봐야 한다. 어쩌면 친구는 그 상태에서 만족감을 느끼고 있을지 모르기 때문이다. 문제의 인식이 있어야 변화가 쉽다.

우리는 다른 사람을 바꾸고 싶어 한다. 특히 상대방과 친밀한 관계에 있을 때 그러하다. 배우자, 형제자매, 자녀, 친구, 동료 등 가까이 있는 사람이라면 더 바꾸고 싶어진다. 선의로 접근해 문제

당신이 다른 사람에게 제공할 수 있는 도움은 매우 제한적이다.
사람은 자기 인생을 책임져야 하므로 친구라 할지라도
그다지 많은 도움을 줄 수 없다.

요인을 개선시키고 더 나은 모습으로 살아가게 도우려 한다. 그러면서 자신은 상대를 위해 도움을 주었다는 자기애적 만족을 얻는다. "내 노력으로 네가 좋아졌다.", "봐, 바뀌니까 너도 훨씬 좋지?"라는 성취감도 얻는다.

이를 다른 각도에서 분석해보자. 세상에는 하기 어려운 일이 두 가지 있다. 하나는 남의 주머니의 돈을 내 주머니에 넣는 것이고, 다른 하나는 남의 머릿속에 내 생각을 담는 일이다. 상대를 변화시키는 데 성공했다면 이는 그의 머릿속에 내 생각을 주입한 그 어려운 일을 해낸 것이다. 더불어 상대를 잘 통제할 수 있다는 의미이기도 하다.

상대를 통제하는 방법은 완전히 자신의 일부로 만들어 혼연일체로 행동하는 것이다. 공감을 넘어 생각의 일치라고 보면 된다. 힘과 권력보다 강한 위력이 있다. 고대 왕들이 신하와 백성을 장악하기 원했던 것과 마찬가지다. 학기 초에 교사들은 반 학생들을 장악하기 원한다. 그래야만 반 아이들을 자신이 생각하는 대로 움직이기 수월하기 때문이다. 그들은 반론이나 반감이 없어 안정적인 상태로 자신의 지배력이 발휘되기를 원한다. 그리고 자신이 의도한 대로 통제가 잘 되면 큰 성취감을 얻는다.

친구의 성향을 바꿔 더 '좋은' 상태를 유지하게 하고 싶을 때 생각해야 할 문제가 있다. 자신이 제시한 '좋음'은 자기 기준에서 '좋음'이라는 사실이다. 자신도 100% 완벽한 사람이 아니고 '좋은' 기준에서 부족한 부분이 있지 않은가. 그러므로 변화를 강요하지 말자. 자신이 정한 옳고 그름으로 구체적 행동을 지시하거나 사고의 방향성을 알려주어서도 안 된다. '남의 스승 되기'는 누구에게나 있는 욕구이지만 섣부른 욕심이 관계의 단절을 부를 수도 있다. 친구가 생각하기에 믿고 따를 지점이 없는 데도 가르치려 든다면 어이없고 황당하게 생각한다.

정신분석에서 보면 다른 사람의 약점이나 단점을 끊임없이 들여다보면 자신의 욕구가 해소되는 느낌을 받는다고 한다. 예를 들어 근검절약하는 아내와 돈을 물 쓰듯 쓰는 남편이 함께 사는 이유를 보자. 아내는 왜 남편을 떠나지 않는가? 남편을 떠나면 근검절약하는 자신을 마주하고 감내해야 하기 때문이다. 돈을 마구 쓰거나 제멋대로 쓰고 싶은 욕구를 채우지 못해 심적 갈등이 일어난다. 잔소리를 퍼부으면서도 한편으로는 돈에 대한 갈증이 해소되는 기묘한 욕구가 남편과 있을 때 채워진다. 그러다 상대가 자기 성향 쪽으로 완전히 방향을 바꾸면 그런 느낌이 들지 않는다. 대신 고통과 충동의 감내도 줄어든다.

내담자는 항상 비관적으로 세상을 바라보고 부정적인 에너지를 뿜어내는 친구의 문제를 자신에게 대입해보아야 한다. 혹시 자신도 친구를 부정적인 방식으로 보고 있는 것은 아닌지, 비관적으로 상황을 해석하고 있는 건 아닌지 반문해볼 필요가 있다. 만약 그렇다면 자신이 먼저 어떻게 대처해야 하는지 고민하자.

다른 사람을 변화시키거나 도와줄 수 있다면 서로에게 중요한 사람이 된다. 자기 존재의 가치가 올라간다. 존재감이 낮은 사람은 자기 존재를 부각시키기 위해 상대를 변화시키려 한다. 이렇게 접근하는 것은 서로에게 도움이 되지 못한다.

만약 다른 사람을 바꾸려 하고 있다면 포기하라

나는 지금 다른 사람을 바꾸려 하지 말라고 주장한다. 사람과 사람의 경계에 관련된 문제이기 때문이다. 사람 간 경계란 너와 나의 차이를 인정하자는 것이다. 아무리 좋은 친구 사이라 할지라도 절대 하나가 될 수는 없다. 경계가 존재해야 서로 존중이 싹튼다. 인정하고 배려하게 된다.

그렇다면 어떻게 경계를 구분할 수 있을까? 자신이 매우 강렬한 욕구를 적극적으로 피력하며 상대를 바꾸려 할 때 경계는 무너진다. 너와 나를 구분하지 못하는 상태에 빠지는 것이다. 자신의 의지가 앞서므로 최소한의 존중이 사라진다. 상대의 본래 모습을 인정하고 받아들여야 하는데 압박하고 위협하게 된다. '이렇게 살아라, 그 생각은 잘못되었다, 왜 그렇게 삐딱하냐' 등 문제를 지적하고 상대를 평가한다. 상대에게 스트레스를 주고 있다는 사실도 모른 채 인간 됨됨이의 근간까지 흔들어버린다. 상대를 위한 조언이라는 단서를 붙이지만 상대가 예민한 사람이라면 위협이나 협박으로 받아들인다.

그럼 왜 우리는 다른 사람을 변화시키려 할까? 남이 세상을 대하는 방식이 잘못되고 미흡하다고 생각하기 때문이다. 그를 도와야 한다는 범인류적 사명감이 불타오른 건지도 모른다. 이는 다음과 같은 4단계를 거쳐 표출된다.

첫째, 상대를 나쁘거나 해롭다고 지적하며 평가한다.

둘째, 상대의 변화를 유도하며 철학적인 조언을 해준다.

셋째, 변화하려면 자신의 말을 잘 들으면 된다고 알려준다.

넷째, 변화하면 훨씬 멋진 사람이 될 거라고 호언장담한다.

변화 뒤의 모습은 누구도 장담할 수 없다. 그래서 이들의 약속은 근본적으로 공수표이다. 남발되는 공수표를 믿어서는 안 된다.

사람들 간에는 서로 큰 차이가 있다. 다양한 사람이 모여 알록달록하고 변화무쌍한 세상을 만들어내는 것이다. 이런 다원성과 복잡성으로 세계를 탐구하려는 욕구와 호기심을 갖는다. 심리 상담을 오는 방문객들은 다양한 가치관을 표출한다. 그러나 내가 이들을 도와주거나 바꿔야겠다는 의지를 보인다면 결국 나와 비슷한 인간만 양산해낼 뿐이다. 물론 그런 상황은 일어날 수 없고 일어나서도 안 된다.

심리 상담을 할 때 도움을 청하지 않는다면 나서서 도와주지 않는다는 원칙이 있다. 만약 상대가 도움을 청한다면 나는 그를 위해 '거울'을 만들어 자신을 보게 한다. 자기의 문제점을 스스로 발견하도록 하는 것이다. 자신을 변화시키려 한다면 조언하지만 무조건 하나의 의견으로 조언하지 않는다. 어떻게 변화하고 싶은지 내담자와 함께 이야기 나누며 고민하고 의논한다. 이것이 심리 상담의 정도이다.

이제부터는 좀 더 근원적으로 문제에 접근해보자. 사람들은 왜 세상을 항상 부정적으로 바라볼까. 세상이 비관적이고 어두운 곳이라고 여기기 때문이다. 만약 부모가 그런 세계관을 가졌다면 아이도 같은 세계관을 형성하게 된다. 매일 듣는 얘기가 그것과 관련되어 있으므로 여기에서 벗어날 수 없다. 어리고 생각이 성숙되지 못했기에 부모가 비춰주는 비관적이고 어두운 세상에 조명을 비추는 것이다.

세상이 안전하지 않다는 부정적 시선도 그 방식 중 하나이다.

세계와 자신이 공존하는 방법으로 찾은 해법이라 하겠다. 다른 사람과 상호작용하므로 가장 편한 스타일이기도 하다. 적당한 거리감이 유지되고 비판적 시선으로 객관성을 유지할 수 있기 때문이다. 그러나 이 방식의 결과에 상응하는 책임은 자신이 감당해야 한다. 부정적인 시선이 주는 불편함으로 친구나 동료, 주위 사람들과 불협화음이 있을 수 있다. 소외를 당하거나 지적을 받기도 한다. 그러나 감히 누가 옳고 그르다고 할 수 없는 문제이니 자신이 그 책임을 느끼면 된다.

음모론은 심리학의 투사적 개념이다. '도끼를 잃어버리고 이웃을 의심하는 것'을 떠올리면 된다. 어떤 사람이 도끼가 보이지 않자 집 안 곳곳을 샅샅이 뒤졌다. 그런데도 도끼가 보이지 않자 이웃집 아들이 도끼를 훔쳐 갔다고 여겼다. 이웃집 아들을 유심히 살펴보니, 걸음걸이나 안색이나 말이나 태도 등 일거수일투족이 의심스럽기 그지없었다. 그는 이웃집 아들이 도둑임이 틀림없다고 단정했다. 그런데 이튿날 다시 찾아보니 자기 집에서 도끼가 발견되었다. 그 순간 그는 이웃집 아들이 도끼를 훔쳤다가 다시 몰래 가져다 놓았다고 생각한다. 아니면 이웃집 아들을 의심한 자신을 탓할 수도 있다. 당신은 어느 쪽인가? 지금 자신에게 세 가지 질문을 해보자.

첫째, 내가 타인의 세계관, 인생관, 가치관을 바꿀 수 있을까?

둘째, 나는 왜 타인의 세계관, 인생관, 가치관을 바꾸려 하는가?

셋째, 그 변화에서 내가 얻을 유익은 무엇인가?

이 세 가지 문제에 진지하게 답한 뒤 친구와 나의 관계를 돌아보라. 그때도 친구를 바꾸고 싶을까? 만약 상대를 진정으로 생각한다면 그를 인정해야 한다. 친구가 어려움을 토로한다면 주의 깊게 경청하고 마음을 다해 함께 고민하자. 무언가를 제안할 때는 신중해야 한다. 당신은 옳다고 확신하지만 그에게 맞지 않을 수 있다. 삶과 앞으로 나아갈 길은 모두 그의 선택이어야 한다. 친구가 더 행복해지길 바란다면 친구를 이해해주는 것이 최선의 도움이다.

당신이 다른 사람에게 제공할 수 있는 도움은 매우 제한적이다. 사람은 자기 인생을 책임져야 하므로 친구라 할지라도 그다지 많은 도움을 줄 수 없다. 심리 상담사라는 직업의 특성상 친구들은 힘들 때 나와 이야기 나누고 싶어 한다. 그럴 때 나는 좀 냉정하다 싶게 "네가 내 친구이기 때문에 이야기를 들어줄 수는 있지만 진짜 상담을 원한다면 동료를 소개해줄게. 그래야 네가 상담받기에 더 좋아."라고 말한다.

이것이 내가 친구를 돕는 방법이다. 만약 친구가 안타까워 적극적으로 돕고 싶다면 그와의 관계는 이중적으로 변할 수 있다. 나도 친구도 스트레스를 받으면서 코너에 몰리게 된다. 어떤 식으로든 친구를 도와주겠다는 생각은 버리자. 차마 외면하기 어렵다면 어깨를 다독이며 "힘들지?"라고 묻기만 해라. 그저 다독여주면 된다. 친구가 어떻게 해야 하느냐고 물으면 "나도 네 상황에서는 어떻게 해야 할지 모르겠어."라고 답해주는 게 현명하다.

PART 4

사람과 사람 사이의 관계 맺기

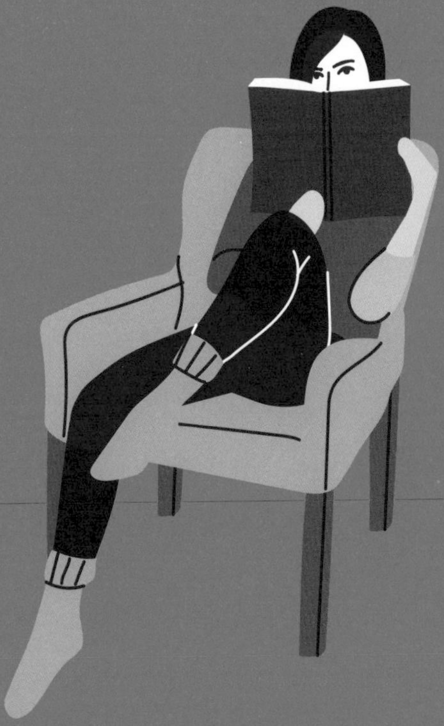

인간관계는 살아가면서 가장 어려운 문제라고 할 수 있다. 쉬운 것 같으면서도 어렵고, 간단한 것 같으면서도 복잡하다. 자기 내면의 힘든 문제로 자신의 존재 자체가 작아지기도 하고 상대적 관점에서 위축되고 왜소해지는 것도 사실이다. 그러나 꼭 기억하자. 자기 삶이 부끄럽고 작고 왜소하다고 인간관계에서 숨어 들어갈 쥐구멍은 없다. 설령 숨어든다 해도 쥐구멍에는 결코 볕이 들지 않는다. 차라리 당당해지자.

타인 앞에서
솔직하고 대범해야 할 필요가 있다

저는 빈농 출신입니다. 학교에서 돌아오면 집에는 늘 해야 할 일이 산더미였지요. 대가족 살림에 옷도 물려받아 입었고 예쁜 옷은 언감생심이었습니다. 그래서일까요? 저는 성격이 예민한 편입니다. 초등학교 다닐 때 선생님으로부터 멍청하다는 말을 듣고 자신감을 잃었습니다. 그 이후로 수업시간에 단 한 번도 발표를 해본 적이 없어요. 질문을 받거나 일어나서 책을 읽으라고 호명될 때마다 긴장되어 제대로 해내지 못했습니다. 대학 졸업 후 공적인 자리에서 보고해야 할 때는 더욱 긴장되어 위축되기만 했지요. 이성과 대화를 할 때도 언제나 주눅이 들어 있고 늘 횡설수설합니다. 하지만 이렇게 긴장하지만 않는다면 분명 더 잘해낼 수 있을 거라고 생각해요.

저는 대범하고 당당한 내면을 드러내고 싶습니다. 그러나 어떻게 해야 할지 몰라 답답합니다.

유리멘탈은 어떻게 형성되는가

누구든지 여러 사람 앞에서 말하려면 긴장이 된다. 잘하고 싶은 마음이 있으면 더 긴장되는 건 당연하다. 아무래도 많은 사람 앞에서 실수하면 큰 망신을 당한다는 생각에 수치스럽기 때문인 듯하다. 두 번 다시 겪고 싶지 않은 일이 되어 사람 앞에 서는 일을 기피하게 된다.

나도 그런 경험이 있다. 중학교 2학년 때 반 여학생에게 사귀고 싶다는 쪽지를 보낸 적이 있다. 아무도 모르게 전달했지만, 그녀는 겁이 났는지 담임 선생님에게 쪽지를 가져다주었다. 선생님은 매우 엄하셨는데 그 일로 나를 모든 학우들 앞에서 욕하고 혼냈다. 모두 나를 우스갯거리로 여긴다는 생각은 물론이고 그날 받은 수치심과 분노를 잊을 수가 없었다. 몸 둘 바를 몰라 쥐구멍에라도 들어가고 싶은 심정이었다.

이후 여자아이들과 접촉하는 게 두려웠다. 그 친구에 대한 미움도 컸다. 물론 더 원망스러웠던 건 선생님이다. 밉고 무섭기까지 해서 정말 싫었다. 선생님의 권위에 반항하고 싶었으며 사춘기에 접어들면서는 어른들의 권위에 반항하는 데 열중하기 시작했다.

그로 인해 갈등도 많이 겪고 말썽도 많이 일으켰다.

학창시절에는 누구나 훌륭한 사람이 되고 싶은 꿈이 있다. 자기애의 발로에서 자아를 한껏 키워간다. 스스로 많은 일을 할 수 있고 남들보다 더 잘할 수 있다고 생각한다. 그러나 정신력이 성숙하지 못하고 안정적이지 않아서 각오나 다짐이 취약하다. 상처받기 쉬운 '유리멘탈'이라고 보면 된다. '유리멘탈'이 만들어지는 데 미치는 영향은 다음과 같다.

첫째, 심한 무시와 좌절을 겪었다. 아주 조그만 잘못에 비난이 따르거나 질타를 받으면 자신감을 잃어버린다. 매사에 예민해지고 다른 사람의 말과 행동을 의식하게 된다.

둘째, 과도하게 총애를 받았다. 어떠한 좌절에 대한 경험도 없다면 정신력은 약해질 수밖에 없다. 주변에서 매사 여러 일을 도와주고 힘든 일을 처리해준다면 어려움을 상대할 힘을 잃는다.

인간은 성장 과정에서 적절한 좌절을 겪어야 한다. 좌절은 진실의 세계를 미리 알게 하며 자아와 자존감을 안정되게 한다. 좌절을 겪어본 사람과 그렇지 않은 사람의 정신력은 현저하게 다르다. 끊임없이 크고 작은 일을 헤쳐 나가면서 자신이 무엇을 할 수 있는지, 무엇은 할 수 없는지 깨달아야 한다.

예민한 것과 그것의 일반화

예민하다는 것은 단점이 아니라 그 사람의 특징이다. 단점으로 치부하면 예민함이 쓸모없이지지만 자기만의 특징이 되면 예민함을 강점으로 만들 수 있다.

사례 속 내담자의 예민한 부분은 선생님의 말 한마디로 시작되었지만 권위자나 이성에게 대응하는 특징이 되었다. 선생님께 멍청하다는 소리를 들었다고 모두 좌절하지는 않는다. 단순히 혼난 정도로 생각하고 넘어가는 아이도 있다. 그러나 그녀는 적절한 좌절로 자신을 단련시키지 못하고 자신을 포기하기에 이르렀다. 선생님의 부정적인 평가에 동의하며 자신이 정말 멍청하다고 믿었다. 누군가 똑똑하다고 말해주길 바랐지만 애석하게도 아무도 그렇게 말해주지 않았다. 예민한 사람에게는 말이나 행동을 조심하기 때문에 설령 그런 생각을 가지고 있다 하더라도 사람들은 쉽게 말을 꺼내지 못한다.

상대가 호의를 가지고 칭찬하더라도 예민한 사람은 그 칭찬이 진짜 마음에서 우러나오는 것인지 아닌지 의심한다. 자신에 대한 확신이 없어서 누군가 괜찮다고 말해주더라도 믿지 못하고 위로하는 말이라고 생각한다. 따라서 예민한 사람은 인생에서 믿을 만한 사람이나 자신이 꿈꾸는 사람을 만나기는 어려울 수 있다. 하지만 그렇더라도 주변에 성숙한 친구가 있다면 그들은 예민하고 못난 부분까지 포용하면서 이해받을 수 있다. 상황이 비교적 심각하다면 심리 상담사 등 전문가에게 도움을 요청하자. 심리 상담사가 이상적인 타인 역할을 해서 내담자에게 유리한 환경을 만들어주고 안정되게 도와준다. 하지만 전적으로 그들을 의지해서는 안 된다. 지나친 의존은 자존감 회복에 도움이 되지 않는다는 사실을 그들이 알기 때문이다.

주위의 도움을 받지 못하면 자기 인식에 차질이 빚어진다. 내담자인 그녀는 어렸을 때 집에 농사일이 많았다. 자매도 많고 살림도 빠듯해서 예쁜 옷을 입고 싶어도 못 입었다. 그래서 예민한 성격을 갖게 되었다고 생각한다. 분명 성장 환경은 성격 형성에 큰 영향을 미친다.

하지만 지나간 과거이므로 바꿀 수 없는 부분이다. 따라서 어른이 되면 과거를 어떤 방식으로 바라볼지 선택해야 한다. 계속 그 상황에 놓여 있는 것이 아니기 때문이다. 과거에 있었던 일에 책임을 묻거나 누구를 탓할 필요는 없다. 그녀 또한 초등학교 선생님에게 들은 멍청하다는 말을 되새길 필요가 없다. 물론 누구나 아주 불공평하게 대우받거나, 부정적인 평가를 받으면 좌절한다. 이런 체험은 한 사람의 인간관계나 사회생활에 영향을 미친다. 자신에 대한 평가와 판단을 부정적으로 가져갈 수 있다. 이 점을 부인하진 않겠다. 하지만 한시라도 빨리 이 덫에서 빠져나와야 한다. 지금 문제는 자신을 바꾸고 싶다는 의지이다.

몇 가지 제안

자신을 바꿀 때 일반화하는 것을 가장 주의해야 한다. 일반화란 한 가지 일로 모두 그렇다고 판단하는 일이다. 예를 들어 누군가가 상처를 주었으니 다른 사람들도 자신을 해칠 수 있다고 생각해서는 안 된다. 그로 인해 예민해지고 주변 사람을 의심하게 된다. 사례의 경우처럼 상대가 바뀌었는데도 권위자 앞에서 주눅이 들고 우왕좌왕하는 것은 '이 사람도 나를 멍청하게 볼 것이다.'라는 생각이 작용하기 때문이다.

전형적인 일반화이다. 내면에 두려움이 가득하고 또다시 좌절할까 봐 지레 겁을 먹는다. 겁이 날수록 좌절은 불가피하다. 만약 계속 좌절에 두려움을 갖고 있으면 악순환이 반복된다. 자신이 표현하고 싶은 내용에 집중하지 못하고 상대방의 표정과 그들이 자신을 대하는 방식에만 신경 쓴다. 그리고 상대방이 자신에게 좌절감을 안겨주면 자신이 어떻게 대응할 것인지에 초점을 맞춘다. 그 결과 상대방은 두려운 존재이며 좌절을 주는 사람이 된다.

과거에 상처받은 경험을 일반화한다면 다른 여러 사람에게서도 강렬한 거부감이 들 수 있다. 자신에게 상처를 입혔던 사람으로 투사되어 관계를 회피하는 것이다. 그녀가 권위자들에게 스승을 투사한 것과 같은 이치이다. 그들 앞에서 긴장해 자기 역할을 제대로 수행하지 못하고 있는 것이다. 그러나 생각해보자. 권위자인 상대방은 바쁘고 다른 사람의 감정이나 체험 따위에 신경 쓸 겨를도 없다. 업무상의 내용이나 보고되는 일에 집중할 뿐이다. 그런데도 자신의 트라우마에 얽매여 일을 그르치는 것은 바보 같은 짓이다. 자신의 용건이 명확하고 주관이 확실하다면 상대의 태도에 대해 크게 의식하지 않아도 된다.

남들이 자신을 대하는 태도에 자꾸 신경을 쓰게 되는 이면에는 상대가 자신을 지켜봐주기를 바라는 마음이 담겨 있다. 나는 특별하고 매우 중요하다는 느낌을 받고 싶은 것이다. 이것이 진짜 속마음이다. 누구에게나 그런 관심이 필요하다. 특히 집에 형제가 많아서 어릴 때부터 부모의 관심을 받지 못했다면 그 욕구는 더 비대해진다. 많은 사람이 자신에게 관심을 가진다고 상상하면서 무시당했던 기분을 보완하고 만족을 얻는 것이다.

내가 아는 한 지인은 외출할 때마다 세 시간가량을 화장하고 옷을 갈아입는 데 썼다. 그래야 밖에 나갔을 때 안정감을 느낀다는 것이다. 그럼에도 자신이 만나는 사람들의 표정과 반응에 신경을 쓴다. 누군가 이상하게 보는 눈길이 느껴지면 거울을 꺼내 자신을 비춰보고 문제가 없는지 살핀다. 이런 행동이 자신도 매우 괴롭다고 했다.

그러던 어느 날 그녀는 너무 급한 나머지 전혀 신경 쓰지 못한 채 외출하게 되었다. 그래서 사람들과 스칠 때마다 안절부절못했지만 사람들의 반응은 예전과 다를 바 없었다. 그제야 다른 사람들은 남에게 그다지 관심 두지 않는다는 것을 깨달았다. 처음엔 몹시 실망스러웠지만 이제는 다른 사람의 시선을 걱정하지 않게 되었으며 자신에게 당당하고 한결 여유로워졌다고 한다.

일반화를 피하는 몇 가지 조언

첫째, 자신을 부정적으로 평가하지 마라. 내담자는 선생님의 말에 동의해 자신을 멍청한 아이로 대했다. 자신이 무슨 일을 하든 엄격한 심판원이 되어 평가했다. 한 번도 스스로 인정하거나 자랑스럽게 여기지 않고 선생님의 말을 내재화했다. 자신을 존중해야 한다. 자기 생각과 판단을 믿어라.

둘째, 솔직한 자신의 모습을 받아들이자. 언제나 솔직한 자신의 모습을 받아들이고 용감하게 인정해야 한다. 궁핍하면 궁핍한 거고, 예민하면 예민한 것이다. 긴장하고 있으면서 아니라고 하지 말자. 당당하고 비굴하지 않게 진실한 자신을 남들에게 보여야 한다. 대범하고 비굴하지 않은 상태는 우리 모두의 이상적 모습이다. 본모습은 털털하기도 하고, 예민함과 열등감을 가지고 있을 수 있다. 긴장하면 덜덜 떨리고 하고 싶은 말을 잊는 모습이 아닌

가. 이를 못난 모습이라고 여기지 말자. 세상 사람 모두 그렇다고 생각하면 마음이 편하다. 진실한 자신이 되고 싶다면 먼저 대범하지 못한 사람이 되는 것도 좋다. 자신이 그런 사람임을 허용하고 이를 극복하기 위해 노력하는 것이 올바른 길이다.

셋째, 실수와 실패를 허용하라. 인간의 내면에는 이드, 자아, 초자아가 존재한다. 누군가에게 엄격한 평가를 받게 되면 자기 의지와 다르게 내면에서 초자아가 발현된다. 다른 사람의 시각에서 자신을 바라보고 매우 엄격하게 자신을 다스리려 한다. 실수를 허락하지 않는다. 그러나 실수를 하지 않으려 할수록 실수는 더욱 빈번해질 수 있다. 차라리 스스로 망쳐버릴 기회를 주는 것도 좋다. 현재 상태로 주변 사람을 대하고 일에 임할 수 있도록 자신에게 기회를 주는 것이다. 엉망으로 망쳐버려 누군가 비판한다면 실수를 인정하자. 다시 기회를 얻고 다시 도전하면 장담컨대 이전보다 훨씬 나은 성과를 얻을 수 있다. 어떠한 기회든지 기회 자체가 의미있다. 실수가 자신의 능력과 한계를 알게 한다. 막연히 잘할 수 있다는 선망은 자신을 발전시키지 못한다. 한 번 실패하고 냉정한 평가를 받아봐야 구름 위에서 땅으로 내려올 수 있다. 지금 우리는 아직 이상적인 자신이 될 수 없다.

넷째, 포용될 수 있다고 믿자. 세상에는 비교적 너그러운 사람이 많다. 이런 믿음이 있어야 자신을 포용해주는 사람을 만날 수 있다. 반대로 사람에게 대항하거나 독선적인 두려움에 있다면 자신에게 다가오는 사람에게 적개심을 가지게 된다. 그러면 정말 자신을 포용하고 응원하는 사람을 놓칠 수 있다.

다섯째, 남이 되려 하지 말고 더 나은 자신이 되라. 인지적 측면에서 원인과 결과를 따지는 대화 방식은 좋지 않다. 어떤 일을 합리화한다는 의미인데 변명이나 핑계가 될 수 있다. 자신이 이상적인 상태에 이르지 못한 원인을 찾고 그 문제만 해결하면 이상적인 상태가 된다고 생각한다. 원인을 제공한 대상에게 자기 문제의 책임을 떠넘기는 것이다.

과감하게 합리화를 포기하자. 현실을 제대로 직시하지 못하고 회피하거나 도망쳤다면 이제는 책임감으로 당당히 맞서야 한다. 그것이 이상적인 자아로 거듭나는 길이다.

여섯째, 예민함에서 벗어나자. 예민함은 자신을 보호하기 위한 과도한 반응이다. 성장에 필요한 유리한 도구나 특성이 아니다. 예민한 사람은 다른 사람의 표정과 태도에 주시하며 자신을 어떻게 평가하는지 끊임없이 추측한다. 이로 인해 스트레스를 받는다.

예민함에서 벗어나려면 자신을 들여다봐야 한다. 감정 상태를 파악하고 자신을 돌보는 것이다. '지금 긴장했네. 그래, 긴장할 수 있어. 겁나는 것도 당연해.'라고 자신을 다독일 줄 알아야 평정심이 깃든다. 누구나 긴장이나 두려움을 느낀다. 이를 자신이 어떻게 대하느냐가 관건이다. 도피하거나 자신에게 실망하면 자신을 제대로 받아들일 수 없다.

예민함으로부터 도피는 자신을 더 나아지게 하지 않는다. 과거 자신이 경험했던 악담이나 좌절에 얽매이지 말자. 어떤 경험이든 이미 옛일이 되었다. 이제는 미래를 위한 선택을 해야 한다. 자기 내면에 관심을 두고 쉼 없는 노력으로 점점 더 나아지길 바란다.

수치심은
혼자만 느끼는 감정일 뿐이다

저는 심리 상담을 통해 수치심 때문에 많은 기회를 놓쳤다는 것을 알게 되었습니다. 제게는 언제라도 자동으로 켜지는 평가시스템이 있어서 감정이나 원함을 솔직하게 표현하다가도 어느 순간 수치심으로 입을 열지 못하는 경우가 많습니다. 이런 문제로 심리 상담을 받아도 개선되지 않고 상대 앞에서 뇌가 하얗게 됩니다. '이 말을 하면 상대가 나를 어떻게 평가할까, 기분 나빠하지 않을까, 가벼운 사람이라고 비웃을 거야.' 등 저에 대한 상대의 평가를 짐작합니다.

상담 과정에서조차 심리 상담사의 표정이 진지해지면 그가 나를 귀찮아한다고 느낍니다. 평가받고 있다는 생각에 뇌의 전원이 나가버리면서 제 감정을 말할 수 없게 되지요. 일상에서도 마찬가지입니다. 저는 계속 남의 말을 헤아리며 눈치를 봅니다. 조금 이상한 점만 보여도 '나는 안 될 거야, 뭘 해도 잘못될 거야.'라는 생각이 뇌를 지배합니다. 너무 조심스러워하니 무슨 일을 하든 수박 겉핥기식으로 하게 됩니다. 그리고 결과에 좌절하지요.

저처럼 주변의 시선을 자꾸 의식하고 수치심을 느낀다면 어떻게 해야 할까요? 수치감에 직면할 수 있을까요? 어떻게 해야만 수치감에 휩쓸리지 않고 긍정적으로 살아갈 수 있을까요?

수치심은 어떻게 생길까

수치심은 불공정한 처벌적 태도에서 기인한다. 예를 들면 부모의 도덕적 요구가 높으면 아이의 초자아 형성에 이입된다. 본능적인 욕구를 부끄러워하는데 이것이 강해지면 수치심으로 변한다. 성에 대한 수치감을 볼 때 성적 욕구는 자제해야 하며 표현해서도 안 된다고 생각하는 사람들이 있다. 이들은 자신의 성적 욕구를 책망하며 이런 욕구로 인해 다른 사람의 비웃음을 살까 두려워한다.

앞서 말했듯이 나는 중학교 때 여학생에게 보낸 사귀자는 쪽지가 선생님한테 전달이 되었고, 선생님은 그 쪽지를 수업 전에 강단에서 읽었다. 그때 나는 몹시 수치스러웠다. 땅속으로 꺼지지 못하는 것이 원망스러웠다. 이 일은 나에게 큰 상처를 주었다. 나는 지금까지도 담임 선생님의 표정을 생생히 기억한다. 반 친구들이 비웃던 소리도 잊을 수 없다. 그 후로 나는 이성과 눈 마주침이나 아주 간단한 스킨십도 거부했다. 타인, 특히 여성과 친밀한 관계를 맺는 일이 드물어졌다.

나는 오랫동안 나를 지배하던 수치심의 원인을 살펴봤다. 나는 어릴 때 시골에서 살았다. 당시 주거 환경이 좋지 않아 5~6세까지 부모님과 한 방을 썼고 부모님의 성관계를 보기도 했다. 동네 어른들이 어젯밤에 엄마 아빠가 뭐 했냐고 물으면 나는 본 대로 대답했다. 그러면 어른들은 깔깔대고 웃었다. 어른들이 왜 웃는지 영문을 모르는 나는 괜히 부끄러워졌다. 말을 잘못했다는 생각을 지울 수 없었다. 한시라도 빨리 그 자리를 벗어나고 싶었을 뿐이다.

수치심과 죄책감

수치심은 죄책감과 연결된다. 다른 사람에게 해를 끼쳤다는 생각이다. 죄책감과 수치심이 뒤섞이면 자신이 잘못했고 나쁜 마음을 먹어 다른 사람에게 상처를 줬다는 의식이 되살아난다. 혹시나 그런 이유로 다시 피해를 줄까 봐 상대와 연관성을 최대한 차단한다.

"부끄럽고 분한 나머지 성을 낸다."라는 말이 있다. 부끄러움을 모면하려고 화를 내는 경우가 여기에 해당한다. 관계에서 분노가 감정의 기조라면 상대는 증오의 대상이고 자신을 해치는 사람일 수도 있다. 자신을 불편하게 하는 사람이며 자신의 대척점에 서 있는 사람이기도 하다. 이런 상황에서는 상대를 신뢰할 수 없다. 여기에 더해 수치심이나 죄책감을 느끼는 상황이 유발되면 관계는 완전히 대립한다. 위협으로부터 가시를 세우는 고슴도치처럼 자기방어 시스템을 갖추고 선의로 다가오는 사람까지 차단한다. 관계에 스트레스가 쌓여 불신하는 단계에 이르는 것이다. 그리고 혼자서 자기연민과 나르시시즘 상태에 빠져 외로움을 느낀다.

내가 어렸을 때 집안의 경제 사정은 매우 좋지 못했다. 운동회 때 학교 규정상 모두 축구화를 신어야 했는데 집에 돈이 없다는 걸 알고 있었다. 나는 며칠을 고민하다가 마지못해 엄마에게 축구화를 사달라고 요청했지만 엄마는 한숨부터 내쉬었다. 나는 엄마를 힘들게 했다는 죄책감이 들었다. 한편으로는 엄마가 내 요구를 들어주지 않아 분노가 일었다. 엄마가 축구화를 사주지 않으면 나는 매우 서운하고 괴로울 것이고 축구화를 사주면 엄마에게 부담을 주었다는 생각에 수치스러울 것이었다.

이 기억은 내가 성년이 된 이후에도 영향을 주었다. 다른 사람에게 부탁이나 요청이 있어도 말하기가 어렵다. 간신히 말을 꺼내더라도 매우 부끄럽고 미안하다. 내 부탁을 들어줄 누군가가 꼭 필요할 때면 내가 부탁하기 전에 상대가 먼저 알아채주기를 바랐다. 만약 상대가 먼저 발견하지 못하면 분노로 표출할 이유가 됐다. 수치심과 죄책감이 드는 상태에서는 공격적 성향이 기어오르는데 다른 사람이나 자신을 겨냥해 화를 낸다. 화나는 이면에는 억울함도 있다.

내가 당시 엄마와 나눴던 대화를 돌이켜보면 나도 엄마도 잘못한 게 없다. 그저 엄마에게 돈이 없었을 뿐이다. 엄마를 탓할 필요가 없었고 분노와 자책이 쓸데없었다. 그냥 당시 집안의 경제 상황이 좀 궁핍했을 뿐이다.

왜 뇌가 새하얘지는가

모욕적인 꾸중을 들으면 마음은 그 순간에 멈춰 수치스러운 경험과 기억으로 변해 잊히지 않고 내면에 자리매김한다. 이후 비슷한 상황에 부닥치면 그때의 기억을 돌이키고 당황한다. 그러면서 머릿속이 하얘지며 멍해지는 상태와 연동된다.

아이들은 이럴 때 울거나 주눅이 든 모습을 보이며 동정심을 유발하기도 한다. 자신의 책임을 약화시키고 상쇄시키기 위한 작전이다. 무엇을 잘못했든 책임을 질 필요가 없어지고 그럴 만한 이유를 갖추게 되는 것이다. 이런 상황에서 누가 질책할 수 있겠는가.

사람의 뇌가 갑자기 하얘지는 경우는 외상 후 스트레스 반응이기도 하고 자기 이익을 도모하는 방식으로 작용하기도 하다. 지금 무척 긴장하고 있기 때문에 자신이 잘못하더라도 용서받아 마땅하다고 여긴다. 그러므로 아무 생각이 안 나는 것이다, 도무지 뭔가 떠오르지 않고 하얗다는 표현의 이면에는 '나는 잘못하지 않고 있으며 나는 틀릴 수 없고, 틀려서는 안 된다.'라는 생각이 깔려 있다. 혹여 자신이 나쁜 평가를 받게 될 것을 두려워하는 까닭이다.

수치심은 어떻게 없앨까

수치심에 의연하게 대처하는 방법을 알아보자.

첫째, 잘못을 허용하라. 자신은 완벽하게 훌륭한 사람이 아님을 알자. 언제든 잘못을 저지를 가능성이 있는 아주 평범한 사람일 뿐이다. 그러므로 실수나 잘못을 범했을 때 이를 수용하고 포용하자. 최선을 다해 자신에게 부드러운 사람이 되어야 한다. 모질게 대할수록 자기 수치심만 키우게 된다.

둘째, 무모한 투사를 피해야 한다. 수치심을 느낄 때 과거의 일을 떠올리며 상대에게 부정적인 감정을 가지지 말자. 사례 속의 내담자처럼 남의 눈치를 보고 다른 사람의 표정에 민감하게 반응해서는 안 된다. 관계의 단절만 유발될 뿐 그 이상의 이득이 없다. 감정의 투사는 상대와 자신에게 모두 해롭다.

어릴 때 겪은 수치심으로 인해 한때 나는 여자만 보면 얼굴이 빨개졌다. 주위 사람들은 다 큰 어른이 여자를 보고 얼굴이 빨개지다니 부끄러움을 많이 탄다고 놀렸다. 그러면 나는 또 수치심이 들어 이런저런 변명을 둘러댔다. 내 말을 들은 사람들은 놀릴 뜻은 전혀 없었다고 해명했다. 이렇게 상대의 의도를 검증함으로써 내가 그들의 놀림감이 아니었음을 밝혀낸다.

셋째, 수치감은 나르시시즘에 속하는 정서적 감각이다. 감정은 자신에게 달려 있다. 굉장히 부끄러운 일이 어느 땐 좋게 느껴질 때도 있다. 한 방향에서 보면 수치심이나 자괴감이 좋을 리 없지만, 한편으로는 자신에게 인정을 구할 수 있는 수단이 된다. 나르시시즘적 자기애를 완성하는 과정이기 때문이다.

오랜만에 친하게 지냈던 친구를 만나게 되었다. 그런데 그가 너무 튀는 옷을 입고 나왔다. 많은 사람이 그를 쳐다보았다. 그는 옷 때문에 사람들이 자신을 놀린다고 생각했다.

"오늘 내가 이상한 옷을 입었다고 사람들이 자꾸 쳐다보는 거 같아서 불편하네."

그 말에 나는 이렇게 말해주었다.

"남들이 바쁜데 널 볼 시간이 어디 있어? 네 마음이 다른 사람의 관심을 몹시 갈망하고 있는 건 아닐까?"

내 말에 그는 깜짝 놀랐다.

수치심이 드는 이유도 이와 같다. 남들이 자신을 평가하고 있다는 생각이 들어 수치심을 느낀다. 그러나 다른 사람들은 모두 자기 일이 바빠서 남을 지켜볼 여유가 없다. 아예 관심조차 없을 때가 많다. 그런데 이 또한 자신이 관심에서 벗어나 있다는 생각에 허탈한 기분이 든다. 하지만 상대에게 평가받는 것보다 낫다. 꼭 기억하자. 상대가 나를 평가한다는 기분은 상상일 뿐이다.

사사건건 남과 비교하면
자신만 손해다

저는 다른 사람과 비교하기를 좋아합니다. 중고등학교 시절에는 학교 친구와 비교했고, 대학생 때는 룸메이트와 비교했습니다. 저는 제 장점을 모르겠습니다. 모든 것을 다 잘하기 바라지만 제대로 해내는 게 없습니다. 지금은 정부 부서에서 일하면서 늘 제가 다른 사람보다 못하다는 것을 느낍니다. 회사 동료들은 집안도 좋고 실력도 좋은데 저는 농촌 출신이고 지방 대학을 졸업했다는 열등의식도 있는 것 같습니다. 친구도 없어 혼자 스트레스를 받으며 지내고 있습니다.

부모님과 사이도 좋지 않습니다. 제가 여덟 살 때 아버지는 바람을 피웠고, 부모님은 자주 싸웠습니다. 집안 공기는 늘 싸늘했어요. 저는 매일 두려웠고 부모님이 싸우는 게 매우 무서웠습니다. 아버지가 어머니를 때리는 것을 보고 울부짖기도 했습니다. 제가 초등학교 5학년 때 부모님은 선전深圳에서 일을 하셨습니다. 저는 조부모님과 함께 생활하며 동생을 돌봐야 했습니다. 어려서부터 저는 누구도 의지할 대상이 없었습니다. 저를 이해해주지 못할 것 같아 부모님에게도 제 마음을 터놓지 않았습니다.

저는 강해지고 싶었습니다. 그래야 살아남을 수 있다고 생각했으니까요. 그래서 다른 사람과 비교하게 된 것 같습니다. 사람들과 친밀한 관계를 맺는 법을 몰라 친구들과 자연스러운 교제도 힘이 듭니다. 친구들과 오래 지내면 그들의 단점을 발견하고 반감이 생기거나 저보다 뛰어나다고 생각되면 열등감을 느끼며 멀리하고 싶어집니다.

사실 제 마음은 매우 나약합니다. 남에게 미움을 사고 다른 사람을 기분 나쁘게 할까 봐 늘 남의 비위를 맞추려고 합니다. 때로는 제 자신보다 남을 더 중요하게 생각하는 것 같습니다. 남들과 비교하기 좋아하고 자꾸 외로워지면 어떻게 자신을 변화시켜야 할까요?

'센 척'하는 껍데기

사례 속의 내담자는 억울하고 무기력한 여자아이로 자신을 위해 매우 강력한 껍데기를 쓰고 있는 모습으로 그려진다. 껍데기를 끌고 이 세상으로 나왔지만 그 무게에 짓눌려 있는 느낌이다. 세계가 온통 자신에게만 불리하게 돌아간다고 생각한다. 누군가 자신의 억울함과 외로움을 봐주기 바라지만, 안타깝게도 주변에는 마음 나눌 사람이 한 명도 없다. 그녀가 어떻게 이런 상태에 빠지게 되었을까. 4가지 측면에서 분석해보자.

첫째, 어릴 적부터 부모와 떨어져 친밀한 관계를 맺지 못했다. 그리고 부모가 싸우는 것을 자주 보며 자랐다. 가정 내 갈등과 대립이 해소되지 않은 채 축적되어 현재의 상태에 빠지게 되었다.

둘째, 타인을 대하는 방식에 문제가 있다. 스스로 다른 사람의 비위를 맞추는 그런 자신이 못마땅하다. 항상 열등감에 사로잡혀 경쟁하고 의식한다. 사람들과 진정한, 심리적 관계를 맺지 못하고 진실한 관계를 맺지 못한다.

셋째, 원하는 것이 포괄적이다. '무엇이든 잘했으면 좋겠다'라는 것은 우리 모두의 바람이다. 잘한 것을 인정받는 일은 자신의 존재감을 올리는 기회이다. 하지만 이에 집착하면 모든 것을 완벽하게 잘할 때 사랑받는다고 믿는다. 만약 하나라도 잘못하면 사랑받지 못하고 한 번의 실수가 자기 인생 최악의 상황을 초래한다고 생각한다.

넷째, 모든 인간관계를 도구화하거나 자신을 도구화한다. 어린 시절부터 가족을 위해 자기 이익을 희생하고 일상을 돌보았기에 사랑으로 상대를 대하지 못한다. 어린 시절에 가족을 보살펴야 하는 자리에 서 있었기 때문에 자연스럽게 자신의 요구를 느낄 수 없게 된다. 자기 자신은 그저 다른 사람이 필요로 하는 도구라고 생각한다. 이런 생각에서 남의 비위를 맞추는 규칙이 습득된다. 누군가 기분이 나쁘면 자신 탓인 것 같고, 자신이 부족해서 남들이 기분 나쁜 거라고 생각한다. 어릴 때부터 돌보는 역할을 해온 사람은 이런 허구적인 자기 정체성에 사로잡혀 그 역할을 고정화시킨다. 남을 돌보는 역할을 할 때만 자신이 더 가치 있다고 믿는 것이다.

다른 사람의 감정이 모두 자기 책임이고 자기 탓이라 여기면 종국에는 힘에 부쳐 스스로 지친다. 이런 인간관계는 스트레스를 유발하게 마련이다. 자신은 늘 베푸는 사람이라 믿고 상대는 자신에게 어떤 가치가 있는지 타진한다. 그로 인해 인간관계가 주는 자양분을 흡수하지 못한다.

폐쇄적 인간은 다른 사람과 연결될 수 없다. 연결될 기회가 와도 자신이 착취당하거나 타인에게 파묻힐 수 있다고 염려한다. 이에 자신을 가두고 누구에게도 자기 마음속 감정, 필요, 기대, 관점

또는 생각을 표현하기 거부한다. 이런 인간관계를 원하는 이는 아무도 없다. 호의로 다가오던 상대도 떠난다. 그로 인해 다시 외로워진다.

뛰쳐나와서 자신을 바라보라

외로운 영혼은 사람들에게 관심받고 포용받기를 갈망한다. 하지만 그 전에 대인관계에서 자신의 상황을 먼저 알아봐야 한다. 객관적이고 중립적 시선으로 자신을 보고 판단해야 한다.

첫째, 인간관계에서 얼마나 예민한가? 자신에게 남의 눈치를 살피고 항상 예민하게 사람을 대하는지 묻자. 관계에 문제가 생기면 조건반사적으로 자책하는가. 죄책감을 느끼며 자신이 책임을 져야 한다고 믿는가. 자신이 더 많은 일을 해야 했다고 생각하며 그런 관계에서 상대방의 용납과 인정을 받으려 하는가. 이런 관계에서 인간은 자신뿐만 아니라 상대방도 탓하게 된다. 이는 인간관계를 매우 예민해지게 만드는 주범이다.

둘째, 자신을 받아들이지 않고 인정하지 않는다. 사람마다 다 각자의 특징을 가지고 있다. 성장 과정이 남긴 흔적과 가족 구성원인 부모의 성격과 교감에서 비롯된다. 성장하는 동안 인정받지 못하면 그것을 간절히 원하는데 과거를 되새기면서도 돌아보기를 거부한다. 대신 다른 사람이 자신을 어떻게 평가하는지 더 많은 관심을 가진다. 다른 사람만 의식하기에 냉정하게 자신을 받아들이지 못한다.

셋째, 현실의 자신과 이상적인 자신을 비교한다. 열등감으로 자신은 늘 기대에 미치지 못하는 인물이라고 생각해 자신을 부정한다. 이상적인 모습과 자신을 끊임없이 비교하며 열등감에 휩싸인다. 동시에 자기 학대로 자신을 스스로 공격한다. 과거 누군가 이 같은 방식으로 자신을 대했기에 아무 거리낌 없이 자신에게 반복하는 것이다. 부모가 아이에게 완벽한 상태에 도달할 수 있다며 그렇게 하지 못할 경우 심하게 혼을 냈다면 그 영향은 성장 후에도 남는다. 그로 인해 자신을 언제나 부족한 사람이라고 여긴다.

넷째, 인식의 오류다. 사람은 인지 방면에서 많은 오류가 생길 수 있다. '…했으면 좋았을 텐데.'라는 인식은 타인에 대한 비합리적인 기대에서 비롯된다. '…는 나를 이렇게 대해야지.', '만약 …가 나를 이렇게 대하면, 나는 이러이러한 사람이 될 거야.'라는 기대이다. 용기를 부추기는 말 같지만 분명 채근하는 방법일 뿐이다.

다섯째, 나쁜 감정에 대한 방어다. 사람의 내면은 자극을 받으면 안 좋은 감정을 갖게 된다. 이를 수용하지 못하면 좌절감에 대한 방어(남을 탓하거나 자신을 탓하거나), 고독감에 대한 방어(퇴행하거나, 자기 폐쇄 상태에 들어가거나)로 나타난다. 나쁜 느낌이 들 때도 마찬가지인데 설명하려고 애쓰면서 감정을 합리화한다. 물론 자신이 완벽한 사람이 될 수 있다는 환상을 가질 수 있다. 매우 안 좋은 상황에서 누군가가 자신을 구해줄 것이라고 믿는 것이다. 성냥팔이 소녀가 죽기 직전, 할머니의 환상을 보고 고통이 없는 세계로 자신을 데려가는 상상을 한 것처럼 말이다. 하지만 현재의 자신을 무시해서는 안 된다.

몇 가지 제안

완벽한 사람이 되고 싶은 욕구는 자신에 대한 실망에서 나온다. 자신을 세우고자 엄격한 태도로 상대를 비판하고 부정한다. 그러나 이는 자기 폐쇄로 관계를 부정하고 비판적으로 받아들여 자신의 솔직한 감정을 표현하지 않게 만든다. 그로 인해 관계는 더 진전되지 못한다.

현재의 자신을 직면해야 한다. 진실한 태도로 자신을 바라볼 때 객관성이 유지된다. 진정성과 솔직함은 자기 성격 형성에 중요한 기초이다. 다음 몇 가지 노력으로 자신과 용기 있게 마주하자.

첫째, 무엇으로 고통받고 있는지 분명히 알아야 한다. 친구관계, 연인관계, 부부관계로 고통스럽다면 자신이 바뀌어야 한다.

상대에게만 변화를 요구하는 건 비합리적인 인식이고 기대이다. 좌절감만 부를 뿐이다. 당장 방향을 틀어야 한다.

둘째, 안전한 자기 영역을 깨고 어릴 적으로 돌아가 그때의 감정과 느낌을 체험해야 한다. 사람들은 관계 회복보다 자신이 보호받는 안전한 지대에서 머물고자 한다. 미래에 대한 두려움과 직면할 불확실한 요소가 두렵기 때문이다. 안전지대가 때론 불편하게 느껴지지만 '여기가 최상'이라는 믿음으로 변화를 추구하지 않는다. 최소한 자신이 아는 범위 안에서 모든 일이 구현되므로 대처 방법을 알고 있다는 확신에서 나오는 안정감이다. 그러나 장담컨대 안전지대에만 머문다면 결코 발전할 수 없다.

안전지대를 허물고 변화를 주려면 시작점으로 돌아가야 한다. 내담자는 어릴 적 부모님이 싸우는 모습을 봤을 때로 돌아가면 된다. 그때 자신이 체험한 감정과 느낌을 그대로 느껴보는 것이다. 공포에 질리고 불안감에 떨고 있는 자신을 마주해야 한다. 그 뒤 성년이 된 자신에게 그런 상황에 닥친다면 어떤 선택을 할지 고민해보자.

가출하거나 신고하거나 주변에 도움을 요청할 수도 있다. 중요한 것은 여러 선택 방법을 고민해보면서 대안을 떠올리는 것이다. 부모는 어른이기에 갈등을 해결할 힘이 있다. 그러나 어릴 적 자신은 공포에 질려 무기력했을 뿐이다. 성년이었으니 이제 선택할 힘이 생긴 것을 깨달을 수 있다.

셋째, 자신의 솔직한 생각과 감정을 주변에 전달하자. 남에게 질투심이 든다면 그것도 인정해야 한다. 대신 아무런 이유도 대지 마라. 질투심을 합리화하고 합리화로 자신을 보호하려는 시도이기 때문이다. 자신이 질투한다는 것을 충분히 인정하면 타인에게도 솔직히 고백할 수 있다.

나는 심리학자인 우즈훙武志红 선생에게 "선생님은 글을 잘 쓰시는데 저는 글을 잘 못 써서 질투가 납니다."라고 두 번이나 시인했다. 그러자 우즈훙 선생 역시 나를 질투했다면서 "자네는 항상 진실 되게 살지 않는가? 어떨 땐 자네 말이 내가 쓴 글보다 훨씬 낫다네."라고 말했다.

솔직한 감정은 평등한 관계를 형성한다. 상대가 월등하고 자신은 비굴하게 낮은 곳에 선 모습이 아니라 동등하게 세상을 살아내는 인간으로 볼 수 있다.

넷째, 사람을 신뢰하라. 상대방을 신뢰하면 자신의 많은 부분을 표현하게 된다. 상대방이 어떤 식으로 자신을 대하는지 살피지 말고 먼저 자기 마음을 열어보자. 상대에게 자신을 표현하고 어떤 일이 일어나는지 보라. 표현하지 않으면 관계의 발전은 없다. 상대는 관계와 상호작용에서 거울이나 도구가 될 뿐이다. 두려움 때문에 도피하고, 솔직한 감정과 생각을 표현할 기회를 놓치면 상대도 마음을 열지 않는다. 그저 형식적 대응만 있을 뿐이다.

다섯째, 열등감을 조절해보라. 열등감은 목표가 있기 때문에 생긴다. 모든 사람이 열등감을 가지고 있으므로 너무 신경 쓸 필요가 없다. 열등감은 단점이 아니라 감정이나 잠재의식이다. 목표를 향해 가는데 순조롭게 진행된다면 문제가 될 리 없지만 다른 사람보다 자신이 못 하다고 생각되면 열등의식이 발현된다. 하지만 누구든지 그럴 수 있다는 점을 깨달으면 자신을 공격하지 않는다.

우리는 용감하게 자신을 열어야 한다. 단 한 번이라도 자신을 표현하려고 노력하자. 그렇게 해야만 외롭고 무기력한 상태에 빠지지 않는다. 정말 믿을 사람이 없다면 심리 상담사와 소통해도 좋다. 서로 신뢰하는 관계를 쌓을 수 있다면 자신의 솔직한 모습을 볼 수 있다. 그다음에 한 걸음 한 걸음 세상을 향해 나아가자.

변화는 다른 사람이 되기 위해서가 아니라 더 나은 자신이 되기 위해서이다. 자신을 위해 좌절과 장애물에 굴복하지 말고 변화를 시도해야 한다. 자신을 변화시키기 위한 목표를 세웠을 때 관계 맺기를 거부하지 않는다.

만나는 모든 사람은 자기 성장에 도움이 된다. 자신을 비추는 거울이 되기도 한다. 모든 거울이 다 매끈한 모습만 비춰주지 않는다. 몇몇 부분에서는 마음에 들지 않고 마찰이 생기고 납득하지 못할 상황이 연출되기도 한다. 겉으로는 좋은 척하지만 실제는 고통스럽기도 하다. 하지만 이는 상대도 마찬가지다. 그 어려움을 극복해야 자신이 발전한다. "자신을 잘 대접하는 것에서 변화가 시작된다."라는 말을 명심하라.

PART 5

관계 속에서 성장하기

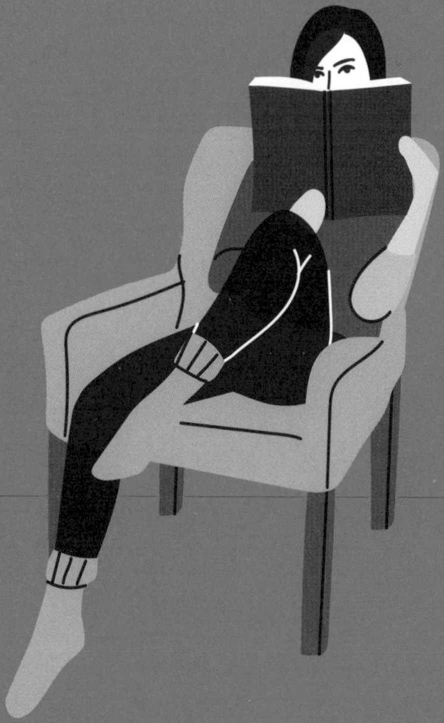

관계는 자신을 발전시키고 성장시킨다. 혼자서 독야청청, 일취월장해도 이를 인정해주고 알아주는 사람이 없다면 상실감에 빠진다. 관계는 다독임과 위안, 격려와 희망을 준다. 과거 아픔을 딛고 일어설 기회도 가져온다. 아름다운 관계가 주는 열정과 응원을 받아보자. 그러기 위해서는 솔직함으로 신뢰를 쌓자. 상대에게 먼저 우호적으로 다가설 때 당신 매력이 빛난다.

솔직하게 자신을 드러내야 기회가 온다

대학교 3학년 학생입니다. 가족은 아빠, 엄마, 저, 동생 모두 네 명입니다. 남동생이 태어난 뒤 아빠는 집을 떠나 외지에서 일하기 시작했습니다. 그래서 1년에 두세 번 정도밖에 만날 수 없었습니다. 어머니는 동생을 낳은 뒤 전업주부로 저와 동생을 돌보셨습니다.

아빠는 저를 데리고 자주 놀아주셨는데 외지에 나가 일을 하면서 모든 게 달라졌습니다. 아빠가 집에 올 때마다 저는 멀리서 바라보며 몰래 따라다녔습니다. 아빠와 좀 더 친해지고 싶었지만 가까이 갈 용기가 없었지요.

뭔가 낯설어진 것 같았습니다. 그때는 아빠에 대한 사랑과 그리움을 어떻게 표현해야 하는지 몰랐습니다. 아빠가 집에 왔다 갈 때마다 어린 저는 슬프게 울었습니다. 아빠와 따로 살았던 관계는 고등학생이 될 때까지 이어졌습니다.

그런데 며칠 전 어릴 적 아빠를 대했던 그 패턴을 좋아하는 남자에게 복제하기 시작했다는 것을 알게 됐습니다. 좋아하는 남자와 어떻게 친해질지 모르겠습니다. 평소에는 여자나 남자친구들에게 잘 다가가고 말솜씨가 좋아 사교성이 탁월하다는 평가를 받는데 좋아하는 남자 앞에서는 딴사람이 되는 것 같습니다. 그와 만나고 싶지만 데이트를 할 용기가 없습니다. 가끔 만나면 즐겁긴 하지만 무슨 이야기를 나눌지 몰라 머릿속이 하얘집니다. SNS로 대화를 나눌 때도 조금 이야기하다 보면 할 말이 없어집니다. 제가 좋아한다고 고백한 적도 있지만 그는 이제 막 직장에 들어가서 일에 전념하고 싶다고 했습니다. 거절당했지만 제가 그를 좋아하고 그리워하는데 전혀 영향을 주지 않았습니다. 어떻게 하면 제가 좋아하는 이성 친구 앞에서 더 편해지고 진실한 모습을 보여줄 수 있을지 묻고 싶습니다.

부녀간 상호작용의 중요성

딸은 아버지 전생의 애인이라는 말이 있다. 아버지와 딸의 관계는 딸의 배우자 선택에도 직접적인 영향을 끼친다. 배우자와 감정의 교류나 관계 맺는 패턴은 모두 부녀간 상호작용에서 직접 영향을 받는다. 내담자의 아버지에 대한 사랑에는 다음과 같은 몇 가지 키워드가 있다.

첫째, 긴장감이다. 아버지가 집에 오면 아버지가 다시 떠날까 봐 매우 긴장한다.

둘째, 슬픔이다. 아버지가 떠날 때마다 슬퍼한다.

셋째, 상상력이다. 아버지에 대한 사랑과 그리움을 어떻게 표현할지 모른다. 대신 사랑과 그리움을 마음에서 끊임없이 발효시키며 상상한다.

넷째, 헤어짐이다. 아버지와 거듭되는 이별을 겪지만 잘 처리되지 않는다. 헤어질 때마다 울음을 터뜨리며 외로움을 탄다. 하지만 아버지는 매번 결연히 떠나고 언제 다시 돌아오는지 알려주지 않는다. 집에 돌아와서도 아버지는 딸에 대한 그리움을 표현하지 않을 것이다.

아이는 부모와 행동과 감정을 나누며 관계의 가치를 알아간다. 자신이 부모에게 중요한지 얼마나 귀하게 대접받고 있는지 아는 것이다. 아빠가 며칠 동안 떠난 출장에서 돌아올 때면 아이는 마중을 나온다. 아빠도 항상 아이에게 먼저 달려간다. 아이는 방글방글 웃으며 아빠에게 달려든다. 아빠는 반갑게 두 손을 벌려 품에 꼭 안아준다. 그 순간 아이는 아버지가 자신을 좋아하고 친밀감을 즐거워한다는 것을 느낀다. 그리고 아버지에게 자신이 중요한 사람임을 깨닫는다. 아버지가 자신을 좋아하고 가깝다고 느낄 때 즐거운 상호작용이 완성되는 것이다.

짝사랑은 자기애일 뿐 진정한 사랑은 아니다

사례 속의 내담자는 어린 시절의 경험을 배경으로 현재의 인간관계를 관리하고 있다. 아버지에 대한 감정은 어린 시절에 머물러 있으며 이를 복제해 짝사랑 상대에게 적용하고 있다. 어린 시절 아버지와 제대로 소통하지 못했던 아이는 혼자 사랑을 감당하는 자세가 된다. 헤어짐에 대한 두려움을 가지고 있거나, 헤어짐이 슬픔을 가져다줄 거란 걸 안다. 강한 슬픔을 감당하지 못하므로 헤어짐과 마주하려고 하지 않는다.

분리를 피하는 가장 좋은 방법이 다른 사람과 관계를 맺지 않는 것임을 아는 것이다.

힘들게 좋아하는 남성에게 고백했는데 거절당하자 거부당한 상실감에 빠졌다. 그리고 상상의 나래를 펼친다. 고백을 거절당한 일이 없다고 상상하면서 여전히 그 남성을 좋아한다. 짝사랑 형태로 혼자만 만족하며 사랑하게 된다. 과거 자신이 이루지 못한 소원을 성취하고자 하는 것이다. 그래서 짝사랑의 감정은 아름답게 느껴지고 수줍음과 함께 가슴이 설렌다.

연애의 3가지 요소

'열정'은 연애에 포함되는 요소이다. '약속'과 '친밀함'도 중요한 부분이다. 짝사랑에는 '열정'이 없다. 친밀함은 상호작용을 오랫동안 지속하게 해주는데 서로 흥미와 관심, 목표가 친밀감을 형성하는 척도가 된다. 사례 속의 내담자는 아빠와의 관계가 끊어져 있다. 아버지와 딸의 실제 관계와 상상 속의 관계가 연결되지 않은 것이다. 그리하여 상상을 동반한 혼란스런 관계가 되어버렸다.

인간은 친밀한 관계에서 여러 감정을 경험한다. 긴장과 설렘, 어색함을 느끼고 기뻐하고, 머릿속이 하얗게 비어버리는 경험도 한다. 상대가 원하든 원하지 않든 나로 인해 좋아하고 만족하는지, 나를 좋아해서 만나면 기뻐하는지, 서로를 소중하게 여기는지에 대한 것이다. 이런 감정이 존재하지 않고 일방적이면 전형적인 짝사랑이다. 이성과 친밀한 포옹이나 스킨십은 성에 대한 상상이나 소망을 자극한다. 하지만 짝사랑은 그것을 필요로 하지 않는다. 짝사랑으로 성적인 판타지를 만들어내도 현실에서는 검증될 수 없다. 상호작용에서 체험될 수 없는 종류이다.

직접 부딪쳐야 사랑이 싹튼다

자신이 생각한 만큼 친밀한 관계가 이루어지지 않으면 짝사랑 상태로 돌아가 상상 연애를 하게 된다. 자기 마음대로 상대를 움직일 수 있기 때문이다. 짝사랑은 상대방을 미화하거나 이상화시킨다. 내게 상담을 받으러 오는 남자아이는 매번 여자아이가 완벽하다고 말했다. 그래서 자신은 그녀에 비해 부족하다는 것이다. 그는 모든 인간관계를 단절한 채 매일매일 그녀만 생각했다. 직접 다가가지도 못한 채 결국 망상에 빠졌다. 여자아이가 너무 완벽해서 자신도 아주 완벽해져야만 그녀와 어울린다고 생각했다.

이상으로 그리는 사람은 직접 부딪쳐봐야 한다. 사람은 모두 완벽하지 않다. 어려운 문제에 부딪히면 좌절하고 자신만의 작은 버릇도 가지고 있다. 생각보다 큰 결점이 있을 수 있다. 공격적이고 보수적일 수 있으며 자신감이 없는 사람일지도 모른다. 직접 부딪쳐봐야 상대를 알 수 있는 것이다.

일단 상대에게 관심이 생기면 의사소통에서도 자신의 감정에만 치우칠 수 없다. 상대가 어떤 것을 좋아하는지, 요즘 무슨 책을 읽고 어떤 일을 하는지 물어야 한다. 그 과정에서 상대의 호기심과 흥미를 이끌게 된다.

상대가 자신에게 호기심과 흥미를 보이면 존재감이 높아진다. 상대가 자신을 바라보고 있다는 사실만으로 '상대방이 나를 좋아한다.'라는 메시지를 읽어낼 수 있다. 더 나아가 친밀한 상태로 들어가기 원한다면 서로에게 잘 어울리는지 고민한다. 공통된 취향과 목표가 있는지, 함께 있으면 편안하고 재미있고 좋은지 고려한다. 서로 타진하고 맞추며 쌍방이 서로를 조금씩 끌어당길 때 진정한 상호작용이 일어난다.

다시 말하지만 관계의 완성은 진실하고 편안한 상태에서 이루어진다. 먼저 적극적으로 자기감정을 보여주며 호감을 사는 것도, 친해지길 바라는 것도 상대를 향한 진정한 마음에서 비롯된다.

시공간의 왜곡과 캐릭터 왜곡을 주의하라

사랑을 갈망하는 감정을 이해해보자. 사랑하므로 상대를 의식한다고 말하지만, 사실은 순간순간 자신이 사랑받고 있음을 확인하려 한다. 사랑받기를 갈망하지 자신이 상대를 더 사랑하기를 원하지 않는다. 그러므로 "사랑해."라는 간곡히 표현은 결국 사랑을 구하는 것이다.

함께 있고 싶은 마음과 친해지고 싶은 마음을 합해 관심을 끌어내려는 심리는 복잡해진다. 자신이 먼저 사랑을 맹세할 용기는 없지만, 상대가 먼저 사랑이라는 이름으로 자신과 함께 있어 주고 미래를 약속해주길 갈망한다. 그러면서 자연스럽게 무언가를 결정하거나 선택할 힘이 없었던 어린 시절로 돌아간다. 상대가 자신을 대하는 방식과 태도를 그대로 받아들이면서 순응하는 것이다. 아이와 어른의 상태를 계속 교차하면서 상대의 캐릭터도 바꾼다. 시공간의 왜곡이나 캐릭터의 왜곡이 생기는 것이다. 자신의 현재 캐릭터를 제대로 인식하지 못하면 두 개의 시공간을 뒤섞어 경계가 불분명해진다. 혼란스러운 상태에 빠져 엉킨 상황에 자신도 모르게 긴장하게 된다. 이런 상황을 바꾸려면 캐릭터의 경계를 분명히 해야 한다.

첫째, 어린 시절의 자신과 분리하자. 이를 위해선 자기 자신에게 암시해야 한다. 나는 이미 다 컸다. 이제 소녀가 아니다. 아빠가 어디 갔는지 신경 쓰이지 않는다. 아빠가 와서 나와 놀아주지 않아도 된다. 이런 자기 암시로 과거에서 벗어날 수 있다. 안타깝지만 지나간 것은 지나간 것이다. 다시는 돌아올 수 없다.

둘째, 과거를 잊고 현재 상태에 직면하라. 과거로 돌아가고 싶어도 불가능한 일이다. 합리적인 방법도 아니다. 과거를 회상하고 돌이킬 때마다 생각을 멈춰라. 현재 상태로 돌아와야 한다. 이미 어른이 되었고, 남들과 친밀한 관계를 맺기 위해 노력하는 자신을 주시해야 한다. 이미 마음에 드는 상대나 호감 가는 이성이 있다는 것을 깨달아야 한다. 어떤 감정으로 그 사람과 친해지고 싶은지 알면 새롭게 사랑할 수 있다.

셋째, 결과를 두려워하지 말자. 아빠처럼 자신을 데리고 놀아주기를 바라고 있는가. 그렇다면 지금 분명하게 자신에게 '나는 몇 가지 일을 스스로 결정할 수 있다!'라고 말하라. 사랑을 수동적으로 받아들일 필요는 없다.

모두 스스로 선택할 수 있다. 능동적으로 선택하면 옳고 그름이 없다. 그 선택이 어떤 결과를 낳아도 책임진다는 각오를 세워야 한다. 상대에게 호감을 표현한다고 해도 완곡하게 거절당하거나 기꺼이 받아들여지는 두 가지 경우만 생길 뿐이다. 어떤 결과도 자신이 좋은 사람인지 아닌지, 사랑을 받을 만한 가치가 있는지 없는지와 상관이 없다. 사랑의 선택도 개인의 취향이다. 어떤 사람에게는 호감 가지 않는 사람일지라도 또 다른 누군가에게는 굉장히 사랑스러운 사람일 수 있다.

만약 상대가 고백을 거절한다면, 그 거절을 받아들이자. 더 좋은 사람을 찾아서 다음 연애를 하면 된다. 물론 치유의 시간은 좀 필요하다. 그러나 수치심을 느끼거나 다시는 누구도 좋아할 수 없을 거라는 생각은 버려라. 상대도 선택의 자유가 있지 않은가. 상대의 거절에 좌절하거나 자신을 깎아내리며 슬픈 상태에 빠져서도 안 된다. 아름다웠던 사랑의 감정을 감정적 트라우마로 만들 수 있다.

서로의 관계를 존중하고 평등하게 지내다 보면 상대의 마음이 바뀔 수도 있다. 집착과 오기는 관계를 그르치게 만들고 상대의 등을 돌리게 만든다. 사랑의 선택에 과감해지자. 긴장을 풀고 호의적 관계를 유지하면 나중에는 편하게 교제할 수 있는 사람을 찾을 수 있다. 그 사람이 가장 잘 어울리는 사람이다.

경쟁과 적대에서 등을 돌려라

저는 이혼 후 부모님과 함께 생활하고 있습니다. 그런데 문제는 부모님을 비롯해 누구와도 깊은 인간관계를 맺을 수 없다는 것입니다. 좋은 인간관계를 형성하려면 반드시 공통점이 있어야 할까요?

저는 살면서 인간관계에서 많은 상처와 쓰라린 실패를 경험했습니다. 톨게이트에서 근무할 때 동료 직원과 누가 돈을 더 많이 받았는지를 비교하다가 사이가 틀어지게 되었습니다. 처음에는 제가 많이 받았지요. 그러자 그 사람은 끊임없이 저를 귀찮게 했습니다. 제가 화장실에 가는 횟수가 너무 많다고 말하거나, 식권을 받을 때 식권을 더 가져갔다고 말하는 등 허무맹랑한 말을 지어냈습니다. 그래서 저는 그보다 못한 모습을 보이려고 일부러 돈을 덜 받고 그 사람에게 더 받으라고 했습니다. 그러다 결국 저를 직장에서 밀어냈지요. 이 일로 인간관계에 큰 두려움이 생겼습니다.

저는 실패하는 게 두렵습니다. 누구와도 깊은 인간관계를 맺지 못하는 까닭이 여기에 있습니다. 어떻게 하면 불신을 없애고 깊은 관계를 맺을 수 있는지 묻고 싶습니다. 쉽게 관계 맺는 방법을 알고 싶습니다.

당신은 모든 이의 과녁인가

깊은 인간관계를 맺는 문제는 여러 방면에 걸쳐진 문제이다. 내담자 여성이 제기한 이 문제는 매우 놀랍다. 46세의 나이면 사람들과 어떻게 관계를 맺는지 알고 어느 정도 패턴도 정립돼 있어야 한다. 하지만 이혼 후 부모와 살고 있으되 유착 관계는 아닌 듯 보인다. 앞으로 나아진다는 보장도 없다. 그만큼 인간관계에 서툴다. 좀 냉정하게 말해 그녀의 바람처럼 부모를 통한 인간관계 개선은 불가능해보인다.

사춘기를 지나 성년이 되면 부모에게서 독립한다. 어른이 되고서 거꾸로 부모와 깊은 인간관계를 맺으려 한다면 의존적 자아에서 벗어나지 못했음을 인정하는 것이다. 다르게는 타인과 깊은 인간관계를 맺는 것을 기피한다는 뜻이기도 하다. 이것은‘ 관계의 퇴

행'이다. 아이의 상태로 돌아가 부모와 깊은 인간관계를 맺으며 안정을 취하려는 자세인 것이다.

자신이 어찌할 수 없는 상황을 맞닥뜨리거나 도저히 견딜 수 없는 상황에 몰렸을 때 이런 상태가 된다. 내담자도 전 직장 동료에게 계속 몰아붙임을 당했다. 그녀에게 계속 대항하며 맞서보았지만 불가항력적이었다. 누구든지 이런 관계에 처하면 당해낼 재간이 없다. 상대가 매우 불편하게 만들고 경쟁하며 주위에 나쁜 사람이라고 흠집을 낸다. 기회만 닿으면 싸우려 드는데 누가 버틸 수 있겠는가. 이것은 '대립적 인간관계'의 전형이다.

관계를 이어가며 해를 입히고 모욕과 모함을 즐기는 상대가 있다. 만약 주변에 이런 사람이 있다면 자신이 먼저 이 관계를 살펴봐야 한다. 제대로 된 관계 위에 자신이 똑바로 서 있지 않다는 사실을 알면 관계에 연연하지 않게 된다. 상대 없이도 바로 설 수 있는 관계망을 형성해야 한다.

또 하나, 주위 사람들이 자신을 공격하고 있다고 보이는가? 총구를 자신을 겨냥하고 있는 것 같은가? 이는 착각일 수 있다. 사람들 개개인은 다들 바쁘다. 누구를 겨냥할 시간이 없고 자기 일조차 감당하지 못해 허덕인다. 그리고 시간과 에너지를 쏟을 만큼 내가 그들에게 중요한 사람이 아니기도 하다. 그런데도 많은 사람이 자신을 겨냥하고 있다면 자신이 잘못하고 있다는 것이다.

왜 상대가 자신을 겨냥하고 상처를 준다고 느낄까

상대가 자신을 의식한다고 생각하는 데는 다음과 같은 이유가 있다.

첫째, 인간관계에 어떤 유익이 있는지 따지기 때문이다. 유익이 크든 작든 상관은 없다. 인간관계는 상대에게서 힘을 얻을 수 있다. 무기력할 때는 상대방에게 도움도 받을 수 있다. 이외에도 인간관계는 소속감을 준다. 이런 유익에서 밀리면 상처를 받게 되는 것이다.

둘째, 상대방이 대하는 방식은 상호작용 가운데 결정되기 때문이다. 내가 상대방을 대하는 그대로 상대도 나를 대한다. 인간관계는 이런 상호작용으로 이루어지는데 시선이나 말투 혹은 생각에서 내가 먼저 상대를 의식하거나 겨냥하고 있을지도 모른다.

셋째, 상대가 무엇을 원하는지 알고자 한다. 관계에서 상호 간 필요의 의미는 같다. 소속감을 얻고 인정받고 싶은 것이다. 도움이 필요할 때 상대의 지지와 도움을 받을 수 있다면 그 관계는 서로 유익하다. 이것이 깨지면 관계에 불협화음이 생긴다. 쌍방은 이 관계가 옳지 않고 불공평하다고 느낀다.

인간관계에서 피해를 당하면 좌절하거나 두려움, 분노의 감정이 인다. 상대에게 공격적인 행동이나 말이 튀어나온다. 직접 행하지 않고 마음에 미움을 품고만 있어도 그와 좋은 인간관계를 맺기 힘들다. 이런 상황에서 상대가 도움을 구한다면 도와주기는커녕 비참한 처지가 되기를 바랄 뿐이다.

어떤 사람은 인간관계에서 늘 다른 사람이 자신의 필요를 채워주길 바란다. 자신이 힘들 때는 위로해주고, 좌절했을 때 감싸주고, 인정이 필요할 때 인정해주고, 자랑하고 싶을 때 열정적인 관중이 되어 칭찬해주는 완벽한 상대를 구한다. 이는 아기가 좋은 엄마에게 기대하는 것과 같다. 상대가 자기 고통을 해결해주고 원하는 바를 충족시켜주길 바라는 유아적 심리이다. 인지적 측면에서 매우 비합리적인 기대일 뿐이다.

인간관계의 몇 가지 장애물

깊은 인간관계를 방해하는 다음 몇 가지 장애물을 살펴보자.

첫째, 다른 사람이 자신을 대하는 태도를 너무 의식한다. 상대가 터무니없이 자신을 낮게 평가했다고 여기는 것이다. 심한 대우를 받으면 사람들은 자신이 무언가를 잘못한 점이 있다고 판단한다. 이런 생각은 어린 시절 부모와의 관계에서 비롯되는데 실수를 허락하지 않는 엄하고 냉담한 부모의 영향을 받은 것이다. 비난과 벌을 받은 아이는 관계의 문제를 과도하게 책임지려 한다. 좋지 않은 감정이나 생각하지 않은 결과가 나타나면 그 책임을 가장 먼저 자신에게 돌린다. 그리고 구체적으로 무엇을 잘못했는지 고민한다. 상대에게 벌을 받거나 비난을 받을까 두려워하며 상대가 자신을 떠날까 봐 염려한다. 스스로 사면초가 신세가 되는 것이다.

그로 인해 주위 사람들이 자신을 공격할 것이라 여긴다. 시선이 악의적으로 느껴지고 비난하거나 비아냥거리거나 무시한다고 짐작한다. 자신이 부족한 부분에 시선을 꽂고 문제점을 확대해서 보기 때문이다. 매사에 소심하게 접근하고 자신이 일을 잘하지 못했다고 자책하기도 한다. 내담자 여성이 다른 사람과 깊은 인간관계를 맺을 줄 모른다고 말하는 것 자체가 이 같은 경우이다. 일단 자신에게 이런 꼬리표를 붙이면 인간관계에 예민하게 반응하게 된다. 그로 인해 깊이 있는 관계를 방해하는 가장 중요한 장애물이 된다.

둘째, 인간관계의 트라우마이다. 대인관계에서 상처를 입고 버림받은 경험이 있다면 치유되기가 어려울 수 있다. 관계의 시작 단계에서 결과를 예상하게 된다. 상대방이 보이는 태도와 자세가 어떤 의미인지 판단하거나 평가하면서 자신의 경험에 비추어 자기 멋대로 단정한다. 상대는 어루만지거나 안아주고 싶어 손을 올

렸지만 과거 구타를 당한 경험 때문에 때리는 것으로 착각하는 경우와 같다. 아름다운 사랑이 이끄는 경험을 못 해본 사람이라면 다른 사람과 관계를 맺는데 계속 영향을 미치게 된다. 누구나 경험에 따라 관계의 결과를 예측하고, 관계에 강한 거부감을 느끼거나 타인을 거부하기까지 하는 것이다.

또한 이전에 겪은 인간관계의 좌절은 또 그런 상황을 겪을까 봐 두려워하게 만든다. 과거에 받은 상처를 떠올리며 매우 두렵다고 말한다. 일단 두려움에 이끌려 자신이 잘못하면 남들이 원망하고 싸우려 들까 봐 겁을 낸다. 그로 인해 사람을 사귈 때 전전긍긍하며 진실한 자기 모습을 감추게 되는 것이다. 위선적이라도 자신의 선하고 인정받을 수 있는 부분만 보여주게 된다. 이를 아는 상대는 당신을 진정성이 없는 사람이라고 판단한다. 어떤 사람이 당신 앞에서 전전긍긍한다면 '나는 당신이 두렵습니다.'라는 메시지를 보내는 것이다.

셋째, 경쟁과 적대를 구분하자. 인간관계는 정신적 측면에서 보면 경쟁과 적대감으로 나뉜다. 우호적일지라도 경쟁이 깔린 경우가 많다. 하지만 이런 소통의 방식은 결국 비난으로 변한다. 다른 사람이나 자신을 비난하는 것인데 상호작용이 평화롭게 이어지지 않고 상식에도 부합하지 않는다.

내담자는 직장 동료를 경쟁 상대로 여긴다. 전 동료가 상사에게 고자질하고 괴롭힌다. 상사는 공정한 태도를 보여야 하지만 객관적 공정함을 유지하기 어렵다. 상황만 보고 판단할 뿐이다. 누구라도 그 위치에서 집중하는 건 상황이지 감정의 문제가 아니다. 상황에 밀려서 했더라도 결정은 자기 의지로 이루어진 것이기에 책임은 당사자에게 있다.

나는 어린 시절 형제간의 경쟁에서 늘 패배자 역을 맡았다. 그 후로도 계속 그 역할에서 벗어나지 못했다. 불만이 많았던 나는 경쟁하는 형제와 불공정한 부모에게 앙심을 품기도 하고 공정치 못한 부분을 비난하기도 했다. 부모의 불공정을 원망하면서 나를 사랑하지 않는다고 읍소했다. 이처럼 비난하는 패턴이 생기면 불식시키기가 어렵다. 관계에 임하는 사람 모두가 경쟁과 적대의 감정으로 상대한다면 파국으로 치닫게 된다.

몇 가지 제안

깊은 인간관계를 맺는 방법을 알아보자.

첫째, 인간관계에서 자신의 필요를 찾아라. 사람을 사귈 때 어디에든 자신의 필요가 있다, 인정의 필요, 소속감의 필요, 가치 구현의 필요 등 자기 관심과 관점에 따라 필요가 생긴다. 상대도 마찬가지다. 따라서 서로의 아름다운 면을 발견해야 한다. 한쪽에서 자신이 늘 부족하다고 생각한다면 관계 맺기가 힘들어진다. 상대가 다독여주고 격려해주는 것도 한계가 있기 때문이다. 스스로 자신이 괜찮은 사람이고 가치 있는 사람이라고 여겨야 관계에 자신감이 생긴다. 물론 우리가 완벽하지는 않지만 스스로 꽤 괜찮은 사람이라고 생각하자.

둘째, 타인의 감정과 연결을 시도해보라. 감정은 인류 공통의 요소이다. 호랑이를 보면 두려워하고, 성취감을 얻는 일을 마주하면 기쁘다. 좌절하게 되면 자연히 슬프거나 갑갑하다. 상대와 감정이 연결되면 비슷한 상황에서 같은 감정의 느낌을 받을 수 있다. 함께 공감하며 유대감을 키울 수 있다. 단지 표면적인 상대의 반응을 보면 진실은 간과되기 쉽다. 겉모습 뒤에 숨은 동기와 그 동기를 유발시킨 감정을 이해해야 한다. 왜 그런 감정이 생겼는지 꿰뚫어보고 상대의 문제를 본다면 좀 더 포용할 수 있다.

젊었을 때 나는 업무상의 문제로 동료와 크게 싸운 적이 있다. 하마터면 손찌검까지 할 뻔했다. 그 후 거의 한 달 동안 서로를 무시했다. 사실 완전히 무시한 것도 아니었다. 매일 그의 행동을 유심히 보면서 무언의 공격을 퍼부었던 것이다. 어느 날, 내가 일을 하다가 다쳤는데 마침 그 동료가 옆에 있었다. 그는 망설임 없이 나를 업고 병원으로 갔다. 내가 어려움에 처하자 뜻밖에도 그가 나를 도왔다. 이 일을 계기로 우리는 이전의 감정을 풀었다. 나를 도와준 이유를 물었더니 즉시 병원에 가야겠다는 생각만 했다면서 예전에 싸운 일을 생각나지 않았다고 말했다. 만약 자신이 다쳤어도 내가 분명 자신을 업고 병원에 갔을 거라고 했다. 그때 그와 나의 감정이 연결되었다.

셋째, 얕은 인간관계를 먼저 시도해보자. 인간관계를 돈독히 하려면 먼저 얕게 맺는 것부터 시작하자. 하루아침에 탑을 올릴 수 없다. 무슨 일이든 순서가 있고 단계가 있다. 먼저 상대와 어울리면서 이해할 발판을 마련해야 한다. 처음부터 깊은 인간관계를 원한다면 너무 전력을 다하게 되어 탈진할 수도 있고 오히려 서로의 관계를 어긋나게 할 수도 있다. 강도가 세면 파괴된다.

넷째, 사람에게 호기심을 갖자. 관계에서 좌절하고 성공하지 못했다면 관계를 불신하게 된다. 반드시 새로운 관계 패턴을 수립하고 검증해야 비로소 좋은 관계를 생성할 수 있다. 깊은 인간관계를 맺기 전에 사람에게 호기심을 가지자. 그 과정에서 새로운 인간관계 패턴을 검증할 수 있게 된다. 나쁜 경험과 굳어진 경험을 좋은 관계 유지로 대체하는 것이다.

사람에 대한 호기심이란 진정으로 상대의 필요에 주목하는 것이다. 그가 무기력한 감정을 느낄 때 그를 도와주고 곁에서 응원해주면 된다. 불쾌한 일이 생겼을 때 같이 슬퍼하면 의지와 힘이 된다. 이것이 진정한 타인에 대한 호기심과 관심이다.

만약 사람들이 자신을 어떻게 대하는지에만 신경을 쓴다면 결국 상대는 보지 못하고 자신만 보는 것이다. 자기의 기쁨, 슬픔, 외로움, 고통, 좌절만 보게 된다. 이때 자신만 존재하고 마치 상대는 없는 것처럼 보인다. 상대는 자신의 상태를 점검하는 '도구'가 된다. 누구도 도구가 되고 싶은 사람은 없기 때문에 관계를 이어갈 필요를 느끼지 못하고 떠난다.

인간관계를 깊게 만드는 비밀의 열쇠는 진심에 있다. 진실한 모습이 답이다. 그러면 세상이 생각보다 우호적이라는 것을 알게 된다. 관계의 아름다움을 느낄 때, 사람에게 호기심이 생기고 두려움에서 벗어난다. 그래야만 자신을 진정으로 받아들이고 포용하는 사람을 만날 수 있다. 상대방이 자신의 모든 상처나 어려움, 갑갑함을 풀어주기를 기다리지 마라. 자신이 먼저 자기감정을 이해하고 느껴야 한다. 상대를 변화시켜 자기만족을 구하지 마라. 좌절감만 깊어질 뿐 깊은 인간관계는 맺을 수 없다.

이제는 독립적으로 홀로서기를 할 때이다

저희 부모님은 매우 엄격하고 까다로운 편으로 전 어린 시절 사랑을 받지 못했고 지적만 받았습니다. 지금은 과거와 이별하고 현재를 받아들여야 하겠지만 과거의 고통스러운 느낌에 너무 익숙해져 잘못된 행동 패턴을 계속 반복하고 있습니다. 버려질까 봐, 비판받을까 봐, 비난받을까 봐 두렵기 때문에 남의 비위를 맞추기에 급급하지요. 지금까지 지지와 사랑을 받아본 적이 없어서 더욱 상대의 감정과 기분에 집중하는 편입니다.

어렸을 때부터 지금까지 가장 많이 들은 말은 부모님이 고생하는 것은 모두 저 때문이라는 말입니다. 이혼하지 않는 것도, 싸우는 것도, 몸이 아픈 것도 모두 저 때문이라는 말이죠. 결국 모든 고난이 제게서 시작된 것 같습니다. 그래서 저는 삶이 즐겁지 않고 즐거우면 안 될 것 같습니다. 어떤 일을 하기 전에 혼나지 않을까 걱정부터 합니다. 부모님은 저를 사랑하지만 저는 그 사랑의 방식이 틀렸다고 생각합니다. 이제는 과거와 이별하고 현재를 살아가고 싶습니다. 편하게 살고 싶은데 어떻게 해야 할지 도무지 모르겠습니다.

우리는 왜 과거를 잊지 못하는가

사례 속의 내담자는 인간관계 중 많은 방면의 문제가 걸쳐 있다. 그러면서도 이미 스스로 질문하면서 해답을 찾았다. 과거와 이별하고 현재를 살아야 한다는 진리를 아는 것이다. 과거는 생각지 말고 미래를 두려워하지 말라는 말은 시대와 세대를 뛰어넘는 답이다. 그런데 안타깝게도 그녀는 이 말과 정반대로 과거를 두려워하며 자꾸 뒤돌아보며 나아가지 못하고 있다. 과거가 고통스럽다는 것을 알면서도 왜 과거를 돌아볼까? 왜 미래를 추구하지 않을까?

왜 괴로운 과거를 추억하는지 먼저 분석해보자. 부모는 자신의 이상을 아이가 실현해주기 원한다. 그러기에 부족하고 훌륭하지 않은 자녀를 받아들이지 못한다. 그러면서도 아이의 자아가 너무 강하지 않은 통제하기 쉽고 의지대로 움직여주기를 바란다. 그리고 뜻대로 되지 않으면 모든 원망을 아이에게 쏟아낸다.

주위에서 아주 흔하게 아이에게 책임을 떠넘기는 부모를 자주 볼 수 있다. 일부 부모는 고난과 어려움에 직면할 능력이 없을 때 이를 아이에게 전가하기도 한다. 병이 나서 두렵거나 경제적으로 힘들 때 아이들 탓을 한다. 결혼 중에 일어나는 갈등을 처리할 능력이 없어서 이혼을 원하지만 파탄 난 가정에 대한 책임도 지지 못한다. 이러한 스트레스와 감정을 발산할 구멍으로 아이를 택한다. "모두 너를 위해 고통을 감내하는 거야."라며 아이에게 부담을 안긴다. 이는 부모가 아이에게 책임을 떠넘기는 행위이다.

더욱 안타까운 것은 책임을 떠넘기며 자신의 바람을 아이에게 그대로 덮어씌운다는 점이다. 아이의 정신 상태로는 이 모든 것을 이해하지 못한다. 이런 상황이 답답하고 불편하지만 부모에게 의지할 수밖에 없는 상황에서 참아야 한다. 부모의 거짓된 자아 가치는 아이에게 깊이 각인돼 아이 또한 부모의 필요를 채워줄 때 자신의 가치가 돋보인다고 느낀다. 어른이 돼서도 이 생각은 변하지 않는다.

많은 사람이 아픈 과거를 추억하며 잊지 못하는 이유다. 세뇌당한 부모를 향한 충성심의 발로이다. 이런 충성심에서 얻는 유익은 두 가지다. 하나는 부모 인생에서 자신이 매우 중요하다는 사실과 다른 하나는 부모 인생에서 매우 필요한 사람이라고 믿는 것이다. 이 두 가지 사실로 자신의 가치 결핍을 보충한다. 반면 부모는 자녀의 충성심에서 아이가 여전히 자신과 꽁꽁 묶여 있다는 안도감을 얻는다. 계속 아이와 얽혀 있길 바란다.

관계는 당연히 상호작용과 공동 협의의 결과이다. 아이였을 때는 불합리한 부모와 자녀의 관계를 규명할 능력이 없지만, 성인이 되면 분명하게 밝힐 능력이 생긴다. 하지만 어른이 된 뒤에도 부모에 대한 충성심은 지속된다. 이는 아이가 부모의 성장을 방해하는 것이다. 부모도 자녀만큼 정신적으로 성장해야 한다.

과거를 잊지 못하는 이유는 서로 의존적인 부모와의 관계를 유지하며 미지 세계의 두려움과 불안을 상쇄하려는 의도이다. 부모와 밀접하게 유착되어 있을수록 다른 사람과 관계 맺기가 어려운데 이것이 당사자에게는 중요하지 않다. 부모가 있는 한 그 어떤 것도 상관없기 때문이다. 이들은 부모에 대한 충성심을 계속 유지하기 위해 자라기를 거부하기도 한다. 성장하면서 복잡한 세상을 마주해야 하는 게 두렵기 때문이다.

그리고 부모를 자기 변명거리로 삼는다. 부모는 세상에 대한 고통과 공포를 만든 주범이며 자신의 미래를 두렵게 만들었다고 탓한다. 그렇게 책임을 전가해야 자신이 나약하고 무능한 사람이 되지 않기 때문이다.

부모의 사랑을 바르게 대하라

부모와 자녀의 관계는 끊을 수 없다. 물리적 연결이 아니라 심리적인 연결 관계이기 때문이다. 기대와 의지가 결부된 호환 상태이다. 아이는 어떤 행동을 취하지 않아도 돌봄을 받는다. 노력해서 얻지 않아도 되는 일이고 자기 능력이 필요한 것도 아니다. 아무리 까다로운 부모도 아이를 돌봐준다. 먹이고 키우며 좌절과 실패를 겪지 않도록 돕는다.

부모와 연결된 이 정신적 탯줄을 끊으면 아이는 금세 외로운 상태가 된다. 다른 사람들과의 관계를 발전시킬 능력이 없기에 겁을 낸다. 아이가 성장한 뒤에도 감히 부모와 연결된 정신적 탯줄을 끊지 못하는 이유이다. 그로 인해 어린아이의 심리를 가지면 계속 과거에 빠져들 수밖에 없다.

이렇게 자란 아이는 성인이 되면 남의 환심을 사려고 애쓴다. 비위를 맞추는 이유는 무언가를 얻기 위함이다. 이 점은 분명하다. 어렸을 때 부모에게 칭찬이나 안정감을 얻기 위해서 부모에게 잘 보이려고 하는 심리와 같다. 내가 너에게 잘해주면 당연히 너도 나에게 잘해줘야 한다는 원리를 확고하게 적용하는 것이다. 그래서 불완전하거나 괜찮지 않은 자신을 받아들이도록 물질적·정신적 헌신도 마다하지 않는다.

내가 여덟 살 무렵의 일이다. 나는 학교 공부가 끝나면 점심때마다 걸어서 5분 정도 거리에 있는 엄마가 일하는 곳에 가서 밥을 먹었다. 그 식당은 식사 시간이 일정했다. 그런데 그날은 내가 숙제를 하지 않아서 선생님은 학교에 남아서 숙제를 하고 가라고 했다. 엄마는 내가 밥을 먹으러 가지 않자 회사 사무실에 밥을 가져다 놓고 나를 기다려주었다. 숙제를 끝내고 엄마한테 가는 길에 갑자기 선생님에 대한 분노가 치밀어 올랐다. 숙제를 끝내고 가라고 한 선생님이 원망스러웠다. 사무실에 도착하자 엄마는 밥을 꺼내며 따뜻한 눈빛으로 나를 바라봤다. 나는 매우 화가 났지만 표현할 방법이 없었다. 밥을 그대로 땅에 내던져버렸다. 마치 엄마에게 화가 난 것처럼 말이다. 그렇게 밥을 던지고 집으로 뛰어갔다.

지금 돌이켜보면 그때 스트레스를 감당하지 못했던 거 같다. 나를 도와줄 사람이 필요했는데 그 사람이 바로 엄마였다. 내가 어렸을 때 엄마는 매우 냉담했고 혼낼 때도 많았다. 하지만 이 일만큼은 엄마에게 아무런 잘못이 없다. 그때까지 밥을 먹지 않은 나를 걱정하며 밥을 챙겨 기다려주었을 것이다. 나에 대해 충분히 책임감이 있었고 사랑으로 따뜻했다. 하지만 나는 화가 난 상태라 엄마의 사랑을 제대로 느낄 수 없었다. 다만 “왜 이렇게 늦게 왔니? 또 선생님께 혼이 나서 학교에 남아 있었던 거야?”라는 물음에

화가 폭발한 것이다. 농담 섞인 엄마의 질문이 꾸중으로 느껴졌다. 나중에 기억을 더듬으며 엄마의 표정을 떠올려보니 나를 비난하거나 놀릴 생각은 전혀 없었다. 오로지 남아서까지 숙제를 마치고 온 아들이 기특하다는 의미였다.

아이가 볼 때 부모의 사랑 방식이 잘못되었다는 분석은 이성적 판단이다. 만약 부모가 날마다 까다롭게 굴고 비난만 일삼으며 쫓아내겠다고 협박했다면 그 사람은 지금까지 살 수 없었을 것이다. 살아 있어도 정신적인 문제가 있거나 외부와 단절된 채 부모 곁을 지키고 있을지 모른다.

이제는 부모에게 사랑받았던 장면을 떠올리고 사랑의 힘을 느껴야 한다. 부모를 내가 선택할 수는 없지만 '용서'와 '배려'는 선택할 수 있다. 무조건적 사랑을 전달받은 그때를 생각해보자. 이런 경험이 있다면 진정으로 사랑할 줄 아는 사람이다.

과거와 이별을 고하고, 미래로 나아가라

부모가 어떤 사람인지, 과거에 어떤 경험을 했는지는 옛일이 되었다. 성장 과정에서 큰 영향을 미쳤을지 몰라도 독립하는 순간 자주적으로 살아가야 한다. 이제는 충분히 자신을 위해 선택할 수 있으니 부모를 의존할 필요가 없다.

과거와 이별하는 가장 좋은 방법은 미래를 스스로 선택하는 것이다. 사고하는 능력과 관찰하는 능력으로 세상을 보고 범위를 넓히자. 이를 위해 다음과 같이 몇 가지 제안을 해본다.

첫째, 왜 이걸 못 하고 저걸 못 하는지 스스로에게 물어보자. 혼날까 봐 겁을 먹은 건지, 단순히 자신이 없었던 건지, 하기 싫은 것이었는지 구분하면 된다. 구체적으로 물어볼수록 많은 생각이 분명해진다. 다른 나쁜 감정도 찾아낼 수 있다. 문제의 원인을 밝히듯 느긋하고 천천히 접근하면 된다. 절대 빨리 찾으라고 채근하지 말고 즐기듯 해보자.

둘째, 어떤 일이 자신의 것인지 알자. 자신이 하는 일의 어느 부분은 부모나 다른 사람 영역의 일일 수 있다. 이를 정확히 파악해야 한다. 다른 사람과 공생 관계에 얽혀 있으면 공사 구분이 안 되어 자신이 너무 많은 일과 걱정을 떠맡을 수 있다. 특별한 관계이니 일도 생각도 감정도 공유해야 한다는 생각에서 나온 행동이다. 그러나 각자의 공간이나 범위 없이 가까이 접근하는 것은 위험하다. 이제는 자신이 선택하는 일이 부모와 아무런 관계가 없다는 인식을 분명히 가져야 한다. 그로 인해 상당히 어려워지거나 다른 상황이 생길지라도 책임을 미루지 않을 수 있는 장점이 있다. 자신이 한 일에 대해 받아들이고 감당하겠다는 의지가 있으면 된다. 이런 생각이 자신을 성장시켜 미래를 두려워하지 않을 용기를 준다.

셋째, 고통의 기억에서 벗어나자. 과거에 부모가 자신을 대했던 방식을 끊임없이 불평하지 않는다. 불평은 핑계일 뿐이다. 불평을 이유로 가만히 멈춰서 떳떳하게 아무것도 하지 않는다. 불평이 직면할 진실의 세계를 가려주어 자신을 보호해주는 느낌을 받기 때문에 한 걸음도 떼지 못한다. 한 걸음씩 나아가야 두 걸음을 물러설 수 있다. 미래를 향한 한 걸음을 뗄 수 있다면 새로운 방식으로 세상을 보면서 인식을 바꾸고 인지를 다시 세울 수 있다. 어떤 감정이 느껴질 때 감정 자체에만 관심을 두지 말고 마음 편히 그 감정과 얼마 동안 함께 지내보자. 두려움은 두려움일 뿐 부정적 감정을 일반화하거나 확대하지 않을 것이다.

나는 심리 상담을 받으러 오는 사람들에게 "당신의 두려움을 알고 있다. 그럼 이 두려움은 결국 어떻게 될까요?"라고 묻는다. 대부분의 대답은 더 커지고 무서워져 자기를 휘감고 꼼짝 못 하게 할 거라고 말한다. 그러면 나는 다시 "두려움이 당신을 죽게 할 수 있나요?"라고 묻는다. 상대는 고민하다가 어떤 경우엔 웃는다. 두려움에 파묻혀서 생명을 지배할 수 있기 때문이다.

과거의 경험에 얽매여 살아가면 현재를 살 수 없다. 현실의 문제를 직면할 능력이 있는데 회피하는 것이나 다름없다. 어려움에 부딪혔을 때 자기 노력으로 어려움을 해결할 수 있다면 성취감을 경험한다. 두려움에 떨수록 성취감은 날아간다.

넷째, 부모와의 관계를 정리하자. 부모 세대는 자녀에 대한 인식, 경제 사정이 여의치 않아 가족 간의 유대감까지 챙기지 못했다. 이를 이해하지 못하고 부모처럼 되고 싶지 않다고 불평하고 떠든다. 그러나 이는 부모의 문제가 아니다. 자신이 매우 소심해서 현실에 직면할 용기가 없는 것뿐이다. 이제는 부모의 영향력에서 벗어나 자신의 삶을 운용해보자. 부모는 그들의 삶을 살았을 뿐이다. 이미 지나간 일이니 바꿀 수도 없다. 그러므로 더 이상 그들의 삶에 영향을 받지 마라.

정신적 혹은 정서적으로 부모와 연결고리를 끊고 싶다면 부모에게 하고 싶은 말을 모두 종이에 적어보자. 생각나는 대로 다 적어라. 그러면 부모에게 보내는 편지가 될 수 있다. 그리고 자신에게도 편지를 써라. 편지에 소원을 빌고 스스로 해낼 것을 약속하라. 며칠 뒤 그 두 통의 편지를 읽으며 감정을 돌아보고 태워버려라. 이것은 자신의 삶을 다시 선택하기 위한 의식이다. 자기만의 다른 의식도 가능하다. 이름을 개명하는 사람도 있다. 이름을 바꾸고 새 생명을 얻은 것처럼, 새로운 신분으로 새로운 세상을 마주하게 되었다는 것이다. 그러나 무엇보다 변화를 이끄는 자기 의지가 제일 중요하다.

여러 경로를 통해 과거와 이별할 수 있다. 무엇보다 과거와 이별할 때 자신을 대하는 방식부터 바뀌어야 한다. 작은 것부터 절제하고 관점과 포용력도 확대한다. 취미활동으로 타인과의 관계도 넓히면 좋다. 나의 감정과 다른 사람을 바라보는 방식, 다른 사람을 향한 평가 등도 의식적으로 절제하며 이해의 범위를 확장해 나가면 된다.

감정의 절제, 행동의 자제가 시작되면 벽을 돌파하는 기분을 맛보게 된다. 약간의 실수를 저지를 수도 있지만, 그로 인해 더 용감해질 수 있다. 실수가 드러나도 물러서지 마라. 결국, 자기 일이다. 다른 사람의 평가에 신경 쓰지 말고 책임지는 자세로 임하자. 무언가를 깨뜨렸을 때 남의 표정을 신경 쓰는 게 아니라 어떻게 처리해야 할지 고민하는 것과 같다. 이런 행동 패턴이 정립되면 원래의 방식에서 벗어날 수 있다.

변화는 자기 인생에 일어나는 큰 사건이다. 새로운 경험을 확실히 기억한 뒤 인간관계, 직장, 부모와 소통 등 삶의 모든 면으로 확장해보자. 과거와의 이별은 하루아침에 이뤄지지 않는다. 어떤 문제가 생겼을 때 해답을 찾아주는 사람도 없다. 혼자서 끊임없이 시도하고, 찾고, 검증하고, 경험하는 긴 과정을 거쳐야만 답을 찾을 수 있다. 그 과정이 고통스러워도 마주할 용기만 있다면 과거와 작별할 수 있다. 무작정 과거를 부정하거나 비난하며 까다로운 눈빛으로 바라볼 필요도 없다. 과거는 지나갔으니 이제는 자신이 원하는 미래만 선택하면 된다.

사랑을 주고받으면
삶이 아름다워진다

저는 어린 시절 부모님의 직장 때문에 초등학교를 졸업할 때까지 외갓집에서 살았습니다. 동생은 부모님과 함께 살았습니다. 두 집은 거리가 그리 멀지 않았어요. 부모님은 가끔 주말에 저와 동생을 데리고 놀러 가셨습니다. 중학교에 입학한 뒤 부모님과 함께 살기 시작했지만 평일에는 학교 기숙사에서 생활하고 주말에만 집에 갔습니다.

성인이 된 후 취업으로 지금도 집에서 멀리 떨어져 살고 있습니다. 친구들은 부모님이 친절하고 저에게 잘해주신다고 하지만, 저는 사랑을 느끼지 못합니다. 어렸을 때부터 외할머니를 제일 좋아했는데 지금도 부모님보다 외할머니를 잘 돌봐드려야겠다고 생각합니다. 그러나 막상 외할머니의 잔소리를 들으면 짜증을 내고, 외할머니가 저를 깊이 사랑하지 않는다고 느낍니다. 하지만 외할머니와 헤어질 때는 미안한 마음이 듭니다.

저는 이기적이고 감정을 잘 드러내지 않아서인지 마음을 나누는 친구가 별로 없습니다. 한 달 정도 연애를 한 적도 있지만 마음은 진실로 사랑하는데도 상대방이 좋아하는 방식을 몰라 헤매다가 부질없이 끝났습니다. 어떻게 하면 다른 사람의 사랑을 느끼고, 사랑하는 법을 배울 수 있는지 묻고 싶습니다.

만나는 것보다 그리워하는 것이 낫다

먼저 내담자의 질문을 처음부터 분석해보자. 어린 시절 부모와 떨어져 산 것은 본인의 선택이 아니다. 환경에 의한 부모의 선택일 뿐이다. 이를 어쩔 수 없이 받아들여야 했다. 아마 당시에는 부모에게 매우 서운한 감정을 가졌을 것이다. 성인이 되어 부모도 어쩔 수 없었다고 이해하지만, 그 당시에는 버림받았다는 느낌에 두려움을 느꼈을 것이다. 그러한 감정이 고스란히 내재화되어 관계를 두려워하게 되었다. 일상적 관계 맺음에서조차 버림받지 않을까 두려워한다. 두려움 때문에 상대가 다가오면 정신이 먼저 경직되는 것이다. 보이지 않는 내면의 상처는 인간관계의 장애물이 될 수밖에 없다. 이를 안다면 자신을 이기적이라고 탓할 수 없다. 친구가 없는 것도 자기 탓이 아니다. 동생은 부모와 살가운 관계이지만 자신은 그렇지 못하다고 자책하는 것도 마찬가지다. 누구도 원망할 수 없는 문제이다.

나도 비슷한 경험이 있다. 우리 집에서도 부모님은 아픈 동생을 돌보기 위해 나를 할머니 댁에 맡겼다. 할머니가 날 사랑해주었지만, 동생은 부모와 함께 있다는 것을 생각하면 서운했다. 속으로 화를 내고 원망도 했다. 겉으로 표현하지 못한 이유는 부모님이 알면 속상해하며 나를 더 미워할 것 같았기 때문이다. 그래서 나는 감정을 억누르고 가슴에 묻어두었다. 대신에 더 철이 든 행동을 하려고 했다. 더 똑똑한 모습을 보이면 부모가 나를 인정하고 집으로 데려갈 것으로 믿었다. 나는 줄곧 부모의 감정을 신경 쓰고 주시했다. 하지만 매우 불공평하다는 생각을 지울 수 없었고 억울했다.

내가 부모에게 잘해준 것은 무엇을 위해서일까? 바로 소속감을 얻기 위해서였다. 부모 곁으로 돌아가고 싶다는 바람과 나도 부모의 자식임을 인정받는 것이었다. 이렇듯 인간관계와 친밀한 관계에서 어떤 사람은 다른 사람의 비위를 맞춘다. 일부러 의도한 것이 아니라 체화된 반응 패턴이 작용하는 것이다.

모성애도 살펴보자. 모성애는 무조건적이다. 사람의 마음이 저수지라면 무조건적 사랑을 받아들이는 것은 저수지에 물을 채우는 것과 같다. 만약 저수지에 물이 많으면 다른 사람에게 나눠줄 수 있다. 그러나 자신에게 나눠줄 사랑이 없다면 내면에 채워진 사랑이 부족하다는 의미이다. 그런데도 무조건 사랑을 나눠야 한다고 요구한다면 서로에게 상처가 된다. 이는 사랑을 주는 사람이나 받는 사람 모두에게 해당한다. 무조건 사랑을 달라고 하는 것은 아기만이 그렇게 할 수 있고 엄마만이 줄 수 있다. 인간관계에서 그런 사랑을 받을 수 없다는 사실을 인정하는 용기를 가져야 한다.

마지막으로 두려움이 있으면 관계가 비뚤어진다. 어린 시절의 의존적 관계에서 벗어나지 못하는 전형으로 이는 '안전형, 갈등형, 회피형'으로 분류된다. 사례 속의 내담자는 그중 회피형 관계를 맺는 유형이다. 사람들과 친해지지 못해 마음 나눌 친구가 없다. 자신을 어떻게 대할지 몰라 관계가 성립되는 과정에서조차 불안해한다. 관계가 이어지지 않고, 관계에서 멀어지고 회피해야 심적으로 안정이 되는 것이다. 이런 회피형 관계는 내적 갈등을 유발한다.

외할머니와의 만남은 그리워하는 것보다 못한 게 되어버렸다. 상상 속 외할머니는 사랑스럽고 친근하지만, 막상 만나면 외할머니의 작은 요구도 받아들이기 어렵다. 그리고 외할머니의 사랑이 자신이 꿈꾸는 무조건적 사랑이 아니라 좌절하고 서운해하는 것이다.

몇 가지 제안

내면 치유를 위한 간단하진 않지만, 시도하면 좋을 몇 가지 제안을 준비했다.

첫째, 용서하자. 자신이 당한 일에 너그러워져야 한다. 자기 안에 여전히 불만과 분노가 있지만 이미 과거의 일이다. 절대 돌이킬 수 없다. 이에 대해 누군가 사과하고 용서를 빌면 좋겠지만 누구도 책임질 수 있는 문제가 아니다. 지금 왜 이런 어려움에 처했는지 원인은 분명하지만 책임을 물어서는 안 된다. 이미 성인이 되었으니 자신만의 방식으로 어려움을 극복해야 한다. 용서를 선택하면 자신이 더 단단해진다. 복수심으로 이를 갈지 말고 과감하게 잊고 용서하자.

둘째, 포기하자. 자신의 갈망을 포기하면 된다. 누군가에게 무조건적 사랑을 받기는 불가능하다. 아기가 아닌 이상 이런 사랑은 받을 수 없다. 사랑이 일궈낸 관계는 감정의 교환도 포함해 서로 협력하고 베푸는 것이다. 상대가 선물을 준다면 기쁘게 받고 감사를 표하면 된다. 부담스러워하면서 받지 않는다면 상대는 거리감을 느낄 것이다. 상대가 도와준다면 기쁘게 도움받고 상대를 도와줄 수 있으면 된다.

셋째, 끊어 내자. 내재된 부모에 대한 불만을 끊어야 한다. 혼자 고립된 상태에서 만들어낸 부모의 모습이기에 사랑이 없는 부정적인 모습으로 그려졌다. 그로 인해 자신은 버려진 아이, 집에서 소외된 아이가 되었다.

이런 지배적인 생각이 자신을 더 외롭게 만든다. 내면화된 부모와 반드시 연결을 끊어야 한다. 이를 끊어 내지 않고는 과거의 사고와 생각, 감정에서 자유로울 수 없다.

넷째, 받아들이자. 자신을 비하할 필요가 없다. 또한 탓할 필요도 없다. 지나간 일을 되새김질하는 것은 무의미하다. 부모가 지금 곁에서 잘해주는 것은 과거의 미안함 때문일 수도 있다. 무조건적 사랑은 변하지 않는다. 설령 그 모습이 자기 기대에 차지 않는다고 해도 받아들여야 한다. 그것이 부모의 진짜 모습이고 노력해도 바꿀 수 없는 부분이다.

어떤 사람은 부모와 관계가 서먹하고 신뢰가 부족하다. 이를 과하게 평가할 필요 없다. 자신이 부모를 대하는 태도를 스스로 선택할 수 있기 때문이다. 그 선택을 누구도 강요하지 않는다. 마음의 움직임과 사랑만이 결정짓는다.

관계의 변화를 꿈꾸고 있다면 용기가 필요하다. 실수하거나 상처받기를 두려워하지 마라. 기존의 생활 방식에서 벗어나 더 나은 자신이 될 수 있다는 희망을 봐야 한다. 그로 인해 인간관계는 점점 개선되고 더 많은 친구를 사귀게 될 것이다. 진실한 감정으로 교류하면 궁극적으로 삶이 아름다워진다.

성공하려면 남을 떠밀지 말고, 또 제 힘을 측량해서 무리하지 말고,
제 뜻한 일에 한눈 팔지 말고 묵묵히 나가야 한다.
평범한 방법이지만 이것이 성공을 가져다준다.

프랭클린

그들이 만약 우정 때문에 당신에게 복종한다면
당신은 그들을 배신하는 셈이 된다. 당신에게는 개인으로서
남에게 희생을 요구할 권리 따위는 전혀 없기 때문이다.

생텍쥐베리